ŒUVRES COMPLÈTES

DE

BENOIT MALON

LE NOUVEAU PARTI

PRÉCÉDÉ D'UNE PRÉFACE

PAR JULES VALLÈS

Prix : 1 fr. 50 c.

PARIS
DERVEAUX, LIBRAIRE-ÉDITEUR
32, RUE D'ANGOULÊME, 32

1881

LE

NOUVEAU PARTI

IMPRIMERIE GÉNÉRALE DE CHATILLON-SUR-SEINE. — J. ROBERT.

BENOIT MALON

LE NOUVEAU PARTI

PRÉCÉDÉ D'UNE PRÉFACE

DE

JULES VALLÈS

PARIS
DERVEAUX, LIBRAIRE-ÉDITEUR
32, RUE D'ANGOULÊME, 32

1881

MON CHER MALON,

Depuis que nous sommes devenus camarades, devant les juges de l'Empire, la famine du siège, le canon de Versailles, tu m'as toujours vu marcher avec le peuple; mais toujours aussi, tu m'as vu vivre près de lui en soldat libre, sans numéro de régiment à mon képi.

Libre je resterai aujourd'hui comme autrefois. Ne t'attends donc pas à m'entendre parler collectivisme ou anarchie, à propos de ton livre. Je ne vais pas m'enfermer dans un bivac, quand j'ai devant moi tout le champ de bataille révolutionnaire.

Tu m'as fait l'honneur de me demander quelques lignes en tête de ton étude sociale. J'en profite, non pour discuter des théories, mais pour jeter en courant un mot de sympathie à l'armée dans laquelle tu t'es engagé sans rémission : armée en habit de travail qui s'est tout d'un coup séparée des régiments en habits bourgeois.

Moi qui porte une redingote, je m'avance et je salue la blouse qui flotte sur votre Mont-Aventin.

A travers la fumée qui monte au-dessus de ce siècle, fumée des philosophies troubles, des révoltes sombres, j'aime à voir des clartés vives. Je suis pour les affirmations pures, pour les formules nettes. Il est bon que toutes les idées prennent corps et qu'elles se dressent isolées et droites comme des cibles ou des drapeaux. On peut alors discuter autour d'elles ou tirer dessus.

Voilà pourquoi j'applaudirais à la formation

du *Nouveau Parti*, même s'il ne représentait pas mes opinions précises. Voilà pourquoi tu as bien fait d'écrire ton livre. Voilà pourquoi vous avez eu raison de tracer avec la pointe d'un outil comme avec le bout d'une épée une ligne de démarcation qui vous met en dehors de la bourgeoisie. Vous êtes sortis des portes, et, comme Spartacus, on a campé devant Rome.

C'est bien : la question est posée ! et vous avez rendu, quoi qu'il arrive, service à la Révolution.

Tel n'est pas l'avis des politiciens. Vous avez soulevé du coup la colère des ambitieux et inquiété les gens de bonne foi, mais de courte vue.

Les ambitieux ont vu dans votre déclaration la ruine de leurs espérances ; vous avez, en vous éloignant, écrasé sous vos souliers et vos sabots les épaulettes des états-majors. Dans l'engrenage de votre programme la graine des dirigeants et des phraseurs est broyée. Les officiers rentrent dans le rang et l'on ne reconnaît pas de chefs sous vos bourgerons, vos vestes ou vos serpilières. Dans votre atelier, on ne pèse pas les phrases, mais les idées; l'étalon de mesure n'est pas l'éloquence, mais le travail.

Vous avez eu ceux-là contre vous.

Contre vous aussi tout ce monde des gradés et des diplômés, qui se figurent être supérieurs à qui n'a été qu'à la *mutuelle*, parce qu'ils ont porté des tuniques comme des enfants de troupes au lycée, et endossé des robes comme des calotins, les jours d'examen aux écoles. Ils se croient capables de gouverner les républiques vivantes parce qu'ils ont lu l'histoire des républiques mortes, parce qu'ils ont appris le droit dans les livres moisis de Justinien ou dans le code infâme de Napoléon.

Je sais ce qu'en vaut l'aune de cette éducacation-là, comme je sais aussi ce que vaut la méditation dans les têtes de pauvres. J'ai trinqué avec des docteurs ès-lettres et j'ai mangé la soupe avec des forgerons.

Eh bien! mon cher Malon, je te le dis comme je le pense, en matière de science économique, un cuistre est plus ignorant qu'un ouvrier, un normalien plus sot qu'un ébéniste.

Peut-être a-t-il fallu la série douloureuse des insurrections vaincues, le feu des guerres civiles, pour éclairer la pensée des faubourgs!

Mais de même qu'à travers les trous d'un drapeau sali par le combat et déchiqueté par les balles, passe le soleil, de même à travers la douleur des défaites, l'Idée se glisse, et flambe, et le malheur a fait l'éducation des foules !

Dans la cale des pontons comme devant le bois de l'établi, pendant qu'il se cachait des soldats de 71, comme pendant les heures noires des chômages, le blousier jeté par le hasard de l'histoire en face de problèmes plantés à la façon du sphinx antique au milieu des rues, prêt à dévorer qui ne comprend pas l'énigme, ce blousier-là est devenu par force un réfléchi et un penseur. Celui-là même qui était loin du combat a senti la secousse et entendu l'orage, et tous les forçats du travail ont été appelés par le tonnerre du canon à méditer devant ces établis de pierre nommés des barricades, où l'équipe travaillait jusqu'à la dernière cartouche, pour toucher comme paie à la fin le supplice et la mort.

C'est l'ouvrier qui porte maintenant roulés dans sa blouse, avec l'outil de métier et le pain pour la soupe, qui porte le pain et l'outil de l'Idée sociale.

La Bourgeoisie libérale ou radicale, qui s'est irritée de l'organisation du *Nouveau Parti*, devra fatalement venir à lui et se fondre avec lui après une série de misères et de lâchetés inutiles.

Agonisante qui voudrait se persuader qu'elle vit et qu'elle commande, qu'elle est toujours la *classe* forte et saine ! alors que ce sont des *déclassés* venus de partout, ramassés de bric et de broc, qui tiennent en main, à cette heure, le peu qui reste de pouvoir à tenir, et qui se partagent sans conviction comme sans vergogne les écus du budget et les galons des uniformes.

Donc, c'est entendu : sur le radeau des professions libérales, devant la mangeoire du pouvoir, la bourgeoisie vit d'expédients ou de compromis, de complaisance et de trahison. Elle porte son deuil comme un costume de carnaval, et elle fait rire avec son personnel ramassé au Café de Madrid, ou dans la cave de Frontin !

Mais il y en a d'autres qui font peine. Ce sont ceux en habit de comptoir, en veste de magasin, en sarrau de laboratoire qui, sous cette enseigne *La Boutique* représentèrent longtemps la moyenne de la richesse et de l'opinion française.

Ils étaient la patrie. Aujourd'hui ils sont la pauvreté, la faillite.

Le petit commerce est mort. Le *Renard bleu* et le *Chat qui pelote* ont voulu lutter contre le *Bon Marché* et le *Louvre !* Il a fallu se rendre, mettre la clef sous la porte, peut-être se sont-ils entêtés et alors les patrons ont fini au bagne.

L'association des capitaux a tué la boutique comme le canon Krupp a tué la vieille stratégie.

La bourgeoisie se meurt, elle est morte, et c'est par la pitié qu'il lui faut répondre quand elle parle de l'infériorité du peuple.

Elle n'a donc rien vu !

Depuis la découverte de la vapeur, la face de la société a changé. Il n'y a plus que deux forces bestiales qui la gouvernent : la MACHINE et le CANON.

Le canon, fils de la machine, et qui arrive toujours en hurlant défendre sa mère quand ceux qu'elle tue se relèvent.

Napoléon rit au nez de Fulton et Stephenson fit blaguer Thiers ! Ils crachèrent sur la chaudière et la locomotive. Les deux monstres se vengent ! Empereur ou tribun sont leurs vassaux et leurs esclaves !

Le monde appartient à quelques centaines d'hommes qui détiennent l'outillage énorme, nécessaire à la vie de l'industrie nouvelle.

Ce n'est pas un des trente-six partis connus qui changera rien à cette terrible vérité. Les pauvres crèveront de misère dans les bagnes industriels aussi bien sous la république radicale que sous la république tricolore. Il s'agissait de presser le débat et de le circonscrire ! C'est fait : D'un côté le *capital,* de l'autre le *travail.*

Peu nous importent les *politiquards* qui grouillent entre les deux camps ; agiteraientils le chiffon rouge des Montagnards ou le mouchoir blanc des parlementaires ! Vieilleries que tout cela ! Reliques à jeter dans un coin !

Il ne s'agit pas de repêcher, dans la marmite de Papin, les arlequins de l'histoire, mais d'écouter ses bouillonnements et de crier au secours, quand la machine casse les bras et écrase le cœur des hommes dans l'enfer des usines !

Si les damnés du travail peuvent former une légion, s'organiser en armée : au lieu de rester les victimes, ils deviendront les *dirigeants* de toute cette mécanique de fer, qui est la mère de la production moderne : mère infâme aujourd'hui, servante affreuse, qui assassine tout autour d'elle, au nom de ses maîtres. Mais il n'en serait point ainsi, quand ce monde de feu et d'acier, arraché à quelques-uns, appartiendrait à tous.

Pour s'emparer de cela, il faut sans doute

une nouvelle bataille, mais la Misère ainsi massée tiendra plus longtemps contre la mitraille.

Puis, qui dit que le jour où il y aura un tel front de bandière, les soldats continueront à se réjouir du métier de bourreau et d'assassin; on ne pourra plus leur répéter que les révoltés sont une tourbe de fous qu'il faut tuer.

Ils verront devant eux des régiments d'hommes aux yeux honnêtes et aux mains calleuses, leurs pères, leurs frères, noirs de la poudre du travail! et il y en aura qui jetteront leur fusil à terre, et les pantalons rouges iront du côté des blouses bleues.

La féodalité capitaliste est capable d'avoir peur de cela et peur aussi, en cas de lutte, de la peste d'un trop vaste charnier. Qui sait si elle ne capitulera pas! C'est ainsi que de la crainte de la guerre civile peut sortir l'espoir de la liberté sociale.

Allons, les hommes du nouveau parti ; en ligne et en avant ! Mettez votre casquette en bataille.

Un mot, avant de finir.

Quelques-uns ont dit que vous n'admettrez dans vos rangs que qui montrera main noire et prouvera qu'il a travaillé la terre, la pierre, le bois, le cuivre ou le fer, limé, tourné ou forgé.

Serait-ce vrai ?

Mais, pendant la semaine sanglante, on ne renvoya pas de la barricade les pattes blanches qui pouvaient tenir un fusil ; et qui donc, sous la vareuse de la Commune, pouvait deviner un bachelier ou un manœuvre ?

Tu avais toi-même troqué l'outil contre la plume, et tu n'en fus pas moins un des forgerons de l'insurrection.

Je crois avoir, moi aussi, donné mon coup de hache, comme un bûcheron dans le cœur d'un chêne. Combien comme moi, mieux que moi, qui n'étaient pas des blousiers, ont sué et saigné à la tâche !

Disons que celui-là est ouvrier de la grande œuvre, soldat du nouveau parti, qui souffre et lutte, sous n'importe quel habit, au nom de la révolution suprême, qui aura pour devise : la souveraineté du travail.

A toi, cordialement.

JULES VALLÈS.

LE
NOUVEAU PARTI

CHAPITRE PREMIER

L'AFFIRMATION

Le lendemain de l'amnistie et du congrès ouvrier de la région du Centre qui venait de marquer la scission entre la plupart des socialistes de 1871 et le jeune parti ouvrier, nous écrivions ce qui suit dans la *Revue socialiste* [1] :

En entrant sur la scène politique, chaque parti d'avenir ne manque jamais de soulever contre lui tous les vieux préjugés, et d'attirer sur ses défenseurs, outre certaines répulsions instinctives, des calomnies de tout genre et bien des haines inattendues.

Sans sortir de notre siècle, les exemples abondent ; les libéraux furent traités comme des brigands par les monarchies de droit divin, et quand les libéraux eurent pris le pouvoir, en 1830, ils ne

1 Voir la collection complète de la *Revue socialiste*, en vente chez Derveaux, éditeur. Prix réduit : 5 fr. au lieu de 9 fr.

se firent pas faute de traiter les républicains, leurs anciens alliés, comme eux-mêmes avaient été traités par les absolutistes. Lorsque à leur tour les républicains eurent inopinément saisi le pouvoir, en 1848, leur premier soin fut de calomnier le socialisme, de se coaliser avec leurs anciens persécuteurs pour écraser le prolétariat qui constituait l'armée déjà puissante du socialisme militant.

L'empire, faisant office de troisième larron, en soumettant aux mêmes déportations et à la même oppression, les républicains et les socialistes, les obligea à une espèce de trêve. Il arriva qu'à l'avènement de la troisième république, une importante minorité républicaine se proclama socialiste et combattit comme telle à côté du prolétariat révolutionnaire sous le drapeau de la Commune de Paris. Cette grande insurrection eut, on le sait, une portée décisive en ce qu'elle marqua l'entrée consciente dans la politique du prolétariat, comprenant enfin qu'il devait travailler et combattre pour lui-même et pour l'humanité et non plus pour la classe bourgeoise qui, oublieuse de ces grandes traditions de 1789, n'a fait qu'asseoir sa domination sur une autre forme d'oppression du peuple et sur l'exploitation plus savante des travailleurs.

Les prolétaires et les socialistes révolutionnaires de tous les pays ne s'y trompèrent pas; ils saluèrent dans la Commune écrasée, l'avant-garde vaincue du prolétariat dont le premier but est l'abolition des classes et la substitution d'un système de *production sociale* au système de *production capitaliste.*

On aurait donc pu croire qu'à la fin de la plus implacable répression des temps modernes, tous les survivants de la grande défaite n'auraient qu'un cœur et qu'une âme pour poursuivre la lutte contre la domination de la classe bourgeoise.

Il n'en a pas été ainsi, et cela tient à plusieurs causes : d'abord le socialisme scientifique qui a dépouillé l'ancien socialisme de ses illusions fraternitaires et démontré que l'histoire de tous les grands progrès humains n'est que l'histoire des classes en luttes, qu'un nouvel ordre doit toujours être précédé du renversement d'une classe dominante dans laquelle s'était incorporé l'ordre social précédemment existant, n'est pas très connu encore.

En outre, pendant les neuf années de bagne, de déportation et d'exil qu'ont supporté les survivants de la Commune, un nouveau parti socialiste, essentiellement prolétarien dans ses principes et dans ses buts, s'est formé en France en dehors (sauf de rares exceptions) de l'action des combattants de 1871. Ce double fait devait avoir pour conséquence les malentendus que nous voyons présentement.

Dans les polémiques violentes entre les *radicaux socialistes* et les *socialistes du parti ouvrier*, il faut voir autre chose que des compétitions de personnes.

Pour les classes, comme pour les individus, il y a un instinct de conservation qui agit dans les grandes circonstances, en dehors des motifs raisonnés et cela explique la répulsion instinctive de fils de bourgeois qui ont fait leurs preuves de révolutionarisme et de dévouement au peuple pour les hommes de la jeune génération qui proclament la nécessité de la déchéance de la classe bourgeoise.

Et c'est ainsi que des abimes se creusent entre les radicaux socialistes et les adeptes du naissant parti ouvrier. Naturellement, les radicaux socialistes qui, par leurs nombreux journaux, ont une si grande influence sur l'opinion publique, ne croient pas démériter du socialisme, en combattant ces nouveaux venus qui leur paraissent des exagérés et qui, d'ailleurs, leur rendent attaque pour attaque, violence pour violence. . . . .

Nous sommes certains que la plupart des radicaux socialistes reviendront à une plus juste appréciation du *parti ouvrier*, que celui-ci, à son tour, se défera de certains excès de langage dans la discussion, de trop d'exclusivisme, et que l'entente est possible.

En attendant, le parti ouvrier doit se former au milieu de difficultés inouïes et sous le feu croisé de tous les autres partis. Mais plus les commencements sont pénibles, plus la constitution sera puissante, et le jour n'est pas éloigné où le spectacle de sa force attirera des millions d'indécis, en commençant par les radicaux socialistes.

Depuis huit mois, la situation ne s'est guère modifiée ; le parti ouvrier s'est affirmé par de nouveaux actes (candidatures de classe pour les élections aux conseils généraux, congrès du Havre et enfin élections municipales du 9 janvier), et la scission s'est d'autant plus accentuée que les radicaux socialistes, groupés en *Alliance républicaine socialiste*, ont opposé programme à programme.

Le 9 janvier, les deux partis se sont trouvés en hostilité ouverte; la lutte s'est envenimée et le *parti ouvrier* est maintenant aussi éloigné du *parti radical socialiste* que celui-ci l'est du *parti opportuniste*.

D'aucuns s'en affligent, d'autres s'en réjouissent; il n'en est pas moins vrai que les élections du 9 janvier, qui ont vu pour la première fois le parti ouvrier entrer en ligne, en arborant ses propres couleurs, en subordonnant toutes les personnalités à son programme si clair et si précis, toutes les nécessités de tactique au principe de la politique de classe, est un fait d'une haute importance, un fait *faisant époque*, comme disent les Allemands.

Certes, le socialisme militant français ne date pas d'hier. Il a compté dans le passé d'importantes victoires électorales. Pierre Leroux, Proudhon, Victor Considérant, Eugène Sue, Pelletier et une dizaine d'autres socialistes connus, ont siégé dans les Assemblées législatives de 1848-51.

En 1871, plusieurs socialistes avérés furent envoyés à la funeste Assemblée qui devait devenir l'*Assemblée de Versailles* et la liste, exclusivement internationaliste des ouvriers parisiens, recueillait plus de 60,000 voix.

Enfin, la *Commune de Paris* représentait 230,000 suffrages, dont près de 200,000 exclusivement révolutionnaires socialistes.

En regard de ces faits, de ces chiffres, le *parti ouvrier* n'a pas lieu d'être trop satisfait de ses 15,000 voix, et cependant son insuccès relatif du 9 janvier a une signification autrement pleine de promesses que les victoires partielles d'autrefois.

C'est que, pour la première fois, le *parti ouvrier* a choisi lui-même son terrain, et qu'il l'a circonscrit avec une rigueur dont on trouve peu d'exemples dans les partis politiques. La raideur a été extrême.

Voici l'entrée en ligne :

« Travailleurs de Paris,

» Pour la première fois, depuis l'établissement du suffrage universel, les travailleurs français ont compris que, dans l'ordre politique, ils n'avaient rien à attendre de leurs exploiteurs de l'ordre économique.

» Pour la première fois, ne voulant plus faire de distinction entre les partis politiques bourgeois, quel que soit le drapeau qu'ils arborent, ils se sont décidés à les combattre au même titre, comme constituant une seule masse conservatrice vis-à-vis de la misère ouvrière.

» Arrivant enfin à la connaissance de leurs droits et de leurs devoirs, aux programmes monarchistes, opportunistes et radicaux, ils opposent, comme base de leurs revendications, le programme du « Parti ouvrier » , nouvellement constitué, tel enfin qu'il est sorti des Congrès ouvriers.

» Aux candidatures politiciennes, répondant à des divergences plus ou moins sérieuses d'opinion, ils opposent des candidatures de classe répondant à l'antagonisme des intérêts qui domine le présent ordre social.

» C'est la lutte électorale , — limitée pour l'instant à la conquête des droits communaux, premier pas dans la voie de l'affranchissement définitif et complet du prolétariat.

» Est-il besoin de vous rappeler que si les luttes mémorables et sanglantes, où tant des vôtres sont tombés pour la conquête de vos libertés et de vos droits, n'ont abouti qu'à d'immenses hécatombes, c'est que l'organisation faisait défaut. Que ceci serve d'enseignement au jeune « Parti ouvrier, » qui doit former un faisceau compacte s'il veut résolûment conquérir son émancipation qui ne sera obtenue qu'à la suite d'une révolution dans les idées, suivie nécessairement d'une révolution dans les faits.

» Travailleurs de Paris,

» Une pareille campagne ne peut manquer de vous trouver tous debout et décidés à la poursuivre jusqu'au succès; car c'est votre avenir, c'est l'avenir de ce grand prolétariat, dont vous avez été jusqu'à présent l'avant-garde, qui est en jeu.

» Dans tous les arrondissements, dans tous les quartiers où votre drapeau, le drapeau du socialisme ouvrier, a été déployé, vous répondrez à l'appel de vos comités, en vous répétant *qu'en dehors du programme du parti, il n'y a guère de place que pour des dupes ou des complices de la classe possédante et dirigeante.*

» Travailleurs des vingt arrondissements de Paris, vous devez, avec les travailleurs socialistes qui ont adopté le programme ouvrier, marcher au scrutin pour y affirmer ce principe :

» Que l'émancipation des travailleurs n'est possible que par les travailleurs eux-mêmes.

» Ainsi, vous aurez aidé à fonder la vraie République, la République sociale. »

Les actes ont répondu aux paroles.

Vous étiez un ancien membre de la Commune, un ancien révolutionnaire éprouvé, un socialiste capable et estimé, n'importe, vous n'aviez pas accepté le programme du nouveau parti, il vous combattait implacablement. Au scrutin de ballottage, il n'y a pas eu de désistement en faveur des radicaux socialistes.

Le programme ouvrier, strictement limité dans ses buts immédiats par les revendications directes des prolétaires et dans son but final par les conclusions rigoureuses de la science économique, est quelque chose de bien nouveau en France. Il a montré, pour la première fois, les travailleurs socialistes français, laissant de côté tout vain sentimentalisme, tout décevant idéalisme, mystique ou révolutionnaire, déclarer qu'avant d'employer la force, il faut la conquérir, et que pour en arriver là, par l'organisation des forces ouvrières, il faut cesser de rêver et agir. Dès sa promulgation, le programme du *parti ouvrier* fut vivement attaqué, non seulement par les conservateurs, mais encore et surtout par les socialistes modérés et par les anarchistes [1].

Sans se laisser ébranler, les militants du nouveau parti ripostèrent avec énergie, et le congrès de Paris, consacrant leurs efforts, adopta le programme au nom de la *Fédération du Centre*. Il ne manquait plus que l'adoption du Congrès du Havre ; elle eut lieu à la presque unanimité, et le parti ouvrier français eut son programme d'action et de but. Il se trouva ainsi constitué en parti distinct de tous les partis bourgeois — considérés comme une seule masse réactionnaire.

Avec cette faculté de réalisation immédiate qui est dans le caractère des Français, les hommes du *parti ouvrier*, bien que sans préparation, sans argent, sans autres journaux que le *Citoyen* et le *Prolétaire*, et encore annihilés par l'inévitable état de crise des débuts,

---

1. Voir les *Propos anarchistes*, par Emile GAUTIER. Brochures à 25 centimes. En vente chez DERVEAUX, éditeur.

ont voulu affronter la lutte électorale. Ils l'ont fait sans une concession ni de principes, ni de tactique. Ils se sont séparés résolument de tout ce qui n'était pas incorporé à eux. Et dans de telles conditions, doublement défavorables, ils s'en sont tirés à leur honneur, avec 15,000 voix.

15,000 électeurs parisiens (non compris les milliers d'amnistiés à qui on n'a pas encore rendu leurs droits électoraux) et les 45,000 électeurs du parti ouvrier de Roubaix, Roanne, Vienne, Lyon, Brest, Bordeaux, Béziers, Toulouse, Marseille, Saint-Quentin, Commentry, etc., ont décidé, contre vents et marées, que le prolétariat devait prendre en mains ses intérêts de classe qui sont en même temps les intérêts, bien entendu, de l'humanité, — pour mettre fin à la domination des classes et à l'exploitation de l'homme par l'homme, par la socialisation des forces productives.

Viennent les élections législatives, et on verra combien de centaines de mille travailleurs pensent comme les 60,000 socialistes révolutionnaires français du 9 janvier.

Oui, conservateurs, et, vous, tous, qui ne pouvant réfuter notre programme, insultez nos hommes, ces quelques milliers de travailleurs que vous prenez pour des écervelés, sont des précurseurs du grand parti qui régénérera le monde, par l'extirpation de toute servitude, de toute ignorance et de toute misère.

Vous nous rejetez hors de la République radicale. Soit! la République radicale est le dernier terme de l'évolution bourgeoise, et nous sommes en avant. Votre excommunication a sa raison d'être; vous invoquez l'avenir, mais vous ne voulez pas dépasser les barrières du vieux monde capitaliste, que nous, avant-garde aventureuse du prolétariat en lutte pour son émancipation contre la bourgeoisie aveugle, repue et inexorable, nous avons déjà franchies.

CHAPITRE II

LES PRÉCÉDENTS DU PARTI OUVRIER

L'idée de former un parti ouvrier distinct des partis bourgeois se fit jour, pour la première fois, en France, en 1849.

Tel fut, en effet, l'objectif de « l'Union des associations ouvrières » qui comptait cent sept associations.

Mais, comme on était en pleine réaction bourgeoise, l'Union devait être prudente dans l'exposé de ses buts. Elle déclara vouloir en substance « l'organisation et la fédération des forces ouvrières, pour arriver, pacifiquement, à l'affranchissement de tous les travailleurs de la science, de l'art, de l'agriculture et de l'industrie, et à l'organisation communale de la propriété, de l'échange et du travail. »

C'était encore trop explicite pour l'affreux Dufaure, qui a toujours été ministre d'un Louis-Philippe, d'un Bonaparte, d'un Thiers et d'un Mac-Mahon, quand il y a un prolétariat à massacrer, des chefs des sociétés ouvrières à emprisonner, et des associations à dissoudre.

L'Union fut dissoute à deux reprises, et les membres des commissions embastillés, sans jugement, à Mazas.

Puis, vint le criminel Deux-Décembre, et tous les vestiges de groupements socialistes disparurent dans la tourmente réactionnaire.

En 1864, le réveil du socialisme ouvrier ne partit pas de la France impérialisée. De 1820 à 1848, la France avait annoncé le socialisme aux nations, mais, pendant qu'elle râlait sous le talon du dernier Bonaparte, le fils de sa pensée qui avait reçu des philosophes socialistes allemands le baptême de science, agitait le prolétariat européen.

L'*Association internationale des travailleurs* portait en tête de ses statuts :

« Considérant que l'émancipation des travailleurs doit être l'œuvre des travailleurs eux-mêmes ; que l'assujettissement du travailleur au capital est la source de toute servitude : politique, morale, matérielle ; que, pour cette raison, l'émancipation économique est le grand but auquel doit être subordonné tout mouvement politique.

» Que tous les efforts faits jusqu'ici ont échoué faute de solidarité entre les ouvriers des diverses nations...

« Que l'émancipation des travailleurs n'est pas un problème purement local ou national, mais international. »

Jamais le prolétariat n'avait été si net dans ses prétentions, jamais il n'avait montré une telle conscience de ses vrais intérêts et de sa force.

Les progrès de la grande association furent rapides. Elle organisait les prolétaires par centaines de milliers, élucidait les questions économiques dans ses mémorables congrès, répandait partout l'idée socialiste, lorsque le César d'aventure ourdit le plébiscite et accorda à sa femme la déclaration de guerre à la Prusse...

On sait ce qui suivit. Paris révolutionnaire, refusant de

souscrire aux humiliations de la patrie et aux agissements liberticides de Thiers et de ses complices, chassa de ses murs les meneurs méprisés des capitulations et des réactions. Il donna le gouvernement aux prolétaires, pour tenter, encore une fois, de sauver la France par la révolution.

Mais il fallut combattre dans des conditions impossibles, et la force vainquit le droit.

La bourgeoisie, folle de férocité et de terreur, tenta d'en finir à tout jamais avec les revendications des prolétaires, et la plus épouvantable, la plus honteuse répression des temps modernes fut consommée.

Après la *Semaine sanglante*, plus encore qu'après le 2 décembre, on put croire que c'était fini. Jamais si abominables vainqueurs n'avaient traité leurs vaincus avec autant de lâche cruauté. Le *Figaro* parla d'un retour à l'esclavage, et le sanglant petit Thiers s'empressa de décorer un écrivain de ce journal.

Ce fut une Saint-Barthélemy de neuf ans, et la haine conservatrice n'est pas encore assouvie, tant le bourgeois parvenu a la haine tenace contre les travailleurs qui ne veulent plus être spoliés !

Néanmoins, le prolétariat français, saigné du sang de cent mille des siens, privé de toute liberté, ne voulut pas désespérer, et, comme le consul romain vaincu par Annibal aux portes de Rome, il eut foi dans les destinées de sa race, il crut encore à l'avenir.

Avec des buts bien inoffensifs, le groupement recommença à partir de 1873 par les chambres syndicales, les délégations ouvrières aux expositions de Vienne et de Philadelphie, et par les congrès ouvriers, dont l'ère fut ouverte à Paris en 1876 et continuée à Lyon, en 1878.

Bientôt les journaux exclusivement socialistes, comme les deux *Egalité*, le *Socialisme progressif*, le *Prolétaire*, la *Revue socialiste*, la *Commune libre*, la *Fédération* firent revivre en France les traditions internationalistes.

Un petit groupe de collectivistes révolutionnaires agit énergiquement et efficacement à Paris.

Enfin, le troisième Congrès ouvrier national, tenu à Marseille, en 1879, proclamait à une immense majorité :

1° La nécessité, pour le prolétariat, de se constituer en parti distinct.

C'était le moyen.

2° La nécessité, pour affranchir les travailleurs du salariat, de socialiser les forces productives.

C'était le but.

Il ne s'agissait plus que de mettre en pratique, tout d'abord, la première de ces déclarations.

C'est ce qui fut commencé à Paris, en juillet 1880, par le Congrès du Centre, et sanctionné, au Congrès du Havre, en novembre de la même année.

Les élections du 9 janvier ont prouvé que les prolétaires français voulaient, sérieusement, se mettre à l'œuvre.

CHAPITRE III

CONCORDANCE DES PROGRAMMES OUVRIERS

Une autre preuve, ou du moins une forte présomption, du bien fondé des revendications prolétariennes de toutes nations, c'est la concordance des programmes.

Le parti ouvrier français dit :

« Considérant,

» Que l'émancipation de la classe productive est celle de tous les êtres humains sans distinction de sexe ni de race :

» Que les producteurs ne sauraient être libres qu'autant qu'ils seront en possession des moyens de production ;

» Qu'il n'y a que deux formes sous lesquelles les moyens de production peuvent leur appartenir :

» 1° La forme individuelle, qui n'a jamais existé à l'état de fait général et qui est éliminée de plus en plus par le progrès industriel ;

» 2° La forme collective, dont les éléments matériels sont constitués par le développement même de la société capitaliste ;

» Considérant,

» Que cette appropriation collective ne peut sortir que de

l'action révolutionnaire de la classe productive — ou prolétariat — organisée en parti politique distinct ;

» Qu'une pareille organisation doit être poursuivie par tous les moyens dont dispose le prolétariat, y compris le suffrage universel transformé ainsi d'instrument de duperie qu'il a été jusqu'ici, en instrument d'émancipation. »

Les partis ouvriers allemand, belge, américain, disent :

« I. — Le travail est la source de toute richesse.

» Le travail pleinement productif n'étant possible dans la société que par la société, les moyens de production appartiennent à la société tout entière.

» II. — Le système actuel est faux parce qu'il ne permet que la concentration des richesses entre les mains de la minorité, et ne réserve que la misère et l'oppression à la majorité.

» Les partis politiques n'agissant qu'en vue de garantir leurs privilèges aux possédants, la classe ouvrière doit s'organiser en parti distinct ayant pour but d'obtenir enfin son affranchissement économique. Tout mouvement doit tendre vers ce but. »

Non moins explicites sont sur cette question les considérations suivantes :

Parti général des ouvriers hongrois :

« La terre est la mère, le travail le père de tous les produits ; tous deux sont donc la source de toute richesse, de toute production. Tant que le sol et les instruments de travail appartiendront à une minorité, toute culture (instruction) et toute augmentation de richesse ne profitera qu'à cette minorité, qui restera maîtresse du peuple non possédant.

» ... Partant de ces principes, le parti général des ouvriers hongrois décide que tous ses membres se voueront à la réalisation de la transformation sociale sur la base de la socialisation de la terre et des instruments de travail. »

Parti des socialistes polonais :

« Les instruments de travail doivent cesser d'appartenir aux individus et devenir propriété collective... La réalisation de ces idées doit être l'œuvre de tous les travailleurs, sans distinction de nationalité. »

Parti socialiste ouvrier espagnol :

« La transformation de la propriété individuelle en propriété sociale ou appartenant à la société tout entière, est la base sûre et ferme sur laquelle doit reposer l'émancipation des travailleurs... Pour renverser les obstacles, les ouvriers doivent conquérir le pouvoir politique... »

Parti démocrate socialiste danois :

« ... Nous voulons l'abolition du salariat et du système de production capitaliste qu'il entraîne pour lui substituer le système de production en commun organisé par l'Etat, qui assurera à chaque travailleur le produit intégral de son travail. »

Les partis socialistes italien, autrichien, suisse, hollandais, portugais, et des diverses nationalités slaves (et même les très modérées associations ouvrières anglaises) admettent pour but la socialisation de la terre et des capitaux. Sur ce point, il y a la presque unanimité. Les socialistes individualistes ne sont, dans le grand parti européo-américain, qu'une minorité infime, et ils perdent toujours du terrain. Il n'en saurait être autrement. Les progrès incessants de la grande industrie et du grand commerce se manifestant par l'expropriation violente et continue des petits industriels et des petits marchands, prouvent à tout homme de bonne foi, qui réfléchit, que les nécessités de la production et de l'échange modernes exigent la socialisation du matériel du travail et de l'échange, si l'on veut éviter la domination de la féodalité de l'argent, qui, réalisant la prophétie de Fourier, se forme sous nos yeux.

Relativement aux moyens, des divergences sont à constater, qui se réduisent aux procédés de trois partis bien distincts.

Les réformistes révolutionnaires, tout en étant persuadés que la transformation sociale devra être emportée de haute lutte, un jour de révolution, savent que, pour employer la force, il faut la posséder, et, en conséquence, ils travaillent, sur le terrain des revendications politiques et économiques, à l'organisation du prolétariat — qui ne peut pas se faire autrement — et qui est, cependant, la condition *sine qua non* de la Révolution. Ceux-là sont en très grande majorité en France, en Allemagne, en Belgique, en Autriche-Hongrie, en Hollande, en Portugal, en Suisse et dans les deux Amériques. Ils disputent le terrain, en Angleterre, aux réformistes purs ; en Italie (où ils sont certainement en majorité), en Espagne et en Russie, aux révolutionnaires anarchistes.

Ces derniers peuvent avoir quelques succès passagers et très partiels de propagande ; mais, comme les partis, quels qu'ils soient, vivent d'action, la tactique abstentionniste et purement critique des révolutionnaires anarchistes, ne sera jamais adoptée par aucun parti ouvrier. C'est là un fait que de vains appels à une révolution non préparée ne sauraient changer.

En troisième lieu, se présentent les réformistes pacifiques qui pensent arriver à l'affranchissement des travailleurs par l'association corporative et par l'épargne. Ces socialistes, qui pullulent aux époques de réaction, quand toute liberté de recherches, de publication et d'organisation sérieuse est étouffée, perdent la plus grande partie de leur troupe aux époques de liberté et d'activité populaire montante. D'ailleurs, les réalités économiques de plus en plus brutales ébranlent, chaque jour plus, l'optimisme des meilleurs d'entre eux.

En résumé, le but de tous les partis ouvriers étant identique, la tactique réformiste révolutionnaire est adoptée par la grande majorité du prolétariat socialiste français et elle est celle de presque tous les partis ouvriers européens et américains.

Et des romantiques, qui n'ont ni une idée, ni une connaissance économique dans la tête, s'en viennent, à propos du parti ouvrier, parler de Charenton et de Bedlam, sans se douter qu'ils insultent dix millions d'hommes, l'élite du prolétariat des diverses nations, et sans se douter davantage que les idées qu'ils envoient à Charenton ont pour propagateurs des Marx, des Engels [1], des De Paepe, et pour adhérents théoriques des J.-S. Mill, des Spencer, des Schaeffle, des Letourneau et vingt autres savants universellement respectés.

Les romantiques sus-désignés prouvent, une fois de plus, en cette circonstance, leur ignorance des choses économiques.

Certains artistes de la phrase, aussi beaux stylistes soient-ils, feraient bien de méditer ce sage conseil de Proudhon et de le suivre au moins en partie :

« Il nous faut renoncer à nos habitudes de bohêmes, faire de longues études, nous immerger pendant dix ans, quinze ans dans les travaux mécaniques, dans les affaires, avant de nous mettre à parler au public. »

Le journalisme pourrait y perdre en éclat ; mais il y gagnerait en sérieux, en compétence, en dignité et en bonne influence.

---

1. *Le Socialisme utopique et le Socialisme scientifique*, par Engels, 1 brochure 50 centimes, en vente chez Derveaux, éditeur.

CHAPITRE IV

SIGNIFICATION HISTORIQUE DU PARTI OUVRIER

Pourquoi *parti ouvrier* et non *parti socialiste*, ce qui aurait un sens plus large, nous ont objecté des démocrates sincères?

Nous répondons :

Toujours les partis socialistes ont précédé les partis ouvriers, et il en devait être ainsi tant que la science historique n'avait pas fourni assez de matériaux, ou n'avait pas été assez bien comprise pour que l'on vît que *le développement de la civilisation s'était poursuivi à travers une série ininterrompue de luttes des classes* [1].

---

1. On a protesté contre la dénomination de *quatrième état* appliquée au prolétariat et nous-même nous l'abandonnons, comme pouvant prêter à une confusion et nous préférons la simple appellation de *parti ouvrier socialiste*. Mais nous n'en maintenons pas moins le bien fondé du mot *quatrième état* ou *quatrième classe* appliqué au peuple travailleur. La première classe dominante, celle des prêtres (théocratie) ébauche les premières civilisations, en courbant les peuples sous une espèce de communisme hiérarchique et esclavagiste. Telle fut la période brahmanique dans l'Inde. L'antique Égypte fut d'abord régie

Les anciens socialistes français, qui, on peut le dire, fu-

---

théocratiquement ; les rois n'étaient que les valets des prêtres. Ménès fut le premier roi qui s'émancipa du joug sacerdotal et régna au nom de la *deuxième classe* (qui allait prendre le pouvoir par toute la terre), le *patriciat*, ou *noblesse* ou *classe des militaires*. Mais les prêtres égyptiens n'acceptèrent pas leur dépossession ; ils appelèrent les Ethiopiens (900 avant l'ère vulgaire) vainquirent les militaires et pourrirent assez l'Égypte pour que le roi assyrien Sennacharis (Sennachérib) pût s'en emparer facilement.

De même, en Perse, nous voyons les mages, (prêtres) dépossédés par les militaires, tâcher de s'emparer de nouveau du pouvoir ; mais moins heureux que leurs congénères égyptiens, être vaincus et presque exterminés dans un massacre resté célèbre.

Moïse était un théocrate et l'un des plus fourbes et des plus cruels qui aient existé. Lorsque les Juifs, las de l'hypocrisie de leurs prêtres, voulurent un roi laïque, le vieux roué Samuel qui voulait passer le pouvoir à ses fils (dont les déportements et les cruautés étaient un scandale) se fit républicain pour la circonstance et parla contre les rois. N'ayant pu empêcher l'élection de Saül, un brillant soldat, qui, malgré les injonctions sanguinaires du même grand-prêtre Samuel, savait rester humain dans la victoire, il conspira contre lui et sacra un chef de voleurs nommé David à qui il finit par faire avoir la couronne de Saül, probablement assassiné sur la montagne de Gelboé.

A partir de ce moment, la lutte fut ouverte, en Israël, entre les théocrates et les militaires, tous les rois théocrates furent magnifiés par les prêtres et tous les rois militaires indignement calomniés. Et dire que les grossières et obscènes invectives de ces antiques fourbes sacerdotaux sont, 3000 ans après, adoptées comme articles de foi par plus de 300 millions d'Européo-américains ! C'est à rougir de l'humanité. Chez le peuple juif, la lutte entre prêtres et militaires (premier et deuxième état) fut donc constante.

Nous voyons à Rome naissante les théocrates faire un suprême effort pour prendre le pouvoir, avec Numa. En Gaule, une révolution militaire avait lieu quelque temps après qui reléguait rent, dans ce siècle, parmi les premiers à apporter quelque méthode sur la manière d'envisager l'histoire, n'avaient pas recueilli assez de faits pour constater cet antagonisme social. De là, le caractère pacifique de leurs projets de transformation sociale. On croyait à l'identité de tous les intérêts, on se flattait que tout pouvait finir par un embrassement général.

Ces socialistes et leurs disciples, les prolétaires français, demandèrent la justice chapeaux bas et pour l'amour de l'humanité; les répressions du règne de Louis-Philippe, les

---

les Druides dans leurs forêts sacrées et dans leurs sacrés collèges.

Bientôt la victoire des militaires fut complète. Le christianisme, régime contre nature, fit un amalgame des deux premiers états, sans réussir à la fusionner ; mais il donna un regain de force à la théocratie et les longues querelles entre *le pape et l'empereur* qui remplissent le moyen âge sont les dernières manifestations de la lutte entre les prêtres et les militaires.

Mais le *troisième état* ou *bourgeoisie* entrait à son tour sur la scène de l'histoire, en débutant par des révolutions communales, en continuant par des conquêtes commerciales, pour terminer par une révolution économique qui en faisait la classe prépondérante, et par une révolution politique qui allait lui donner le pouvoir.

Devant la bourgeoisie unie et envahissante, les vieux rivaux prêtres et militaires (clergé et noblesse) firent cause commune et furent vaincus.

Aujourd'hui la bourgeoisie toute-puissante veut maintenir en régime de servitude et d'exploitation la *quatrième classe* (ensemble des travailleurs) et pour cela, elle s'unit au besoin aux deux premières classes qu'elle a dépossédées. Mais la quatrième classe entend *universaliser le pouvoir et la propriété*, et se constitue en parti de lutte pour en arriver là. Telle est la situation actuelle, quoi qu'en puissent dire les sophistes bourgeois : c'est le dernier drame de la guerre des classes qui se prépare.

perfidies du gouvernement provisoire et les massacres de Juin donnèrent la réponse de la classe bourgeoise.

Oui, ce fut le canon, braqué par des républicains bourgeois et tonnant, dans les rues de Paris, contre le prolétariat affamé qui prouva, contre les socialistes pacifiques et contre les farceurs bourgeois des harmonies économiques, que *les intérêts de classe* ne sont pas identiques, mais opposés. Prenez-vous-en aux faits et non pas à nous, ô apôtres des harmonies bourgeoises !

Déjà d'autres événements avaient proclamé cette vérité.

« En 1831, le premier soulèvement ouvrier avait éclaté à Lyon. De 1838 à 1842, le premier mouvement national ouvrier (Chartisme anglais) avait atteint son point culminant. La guerre de classes, entre prolétaires et bourgeois, avait ainsi fait irruption sur l'avant-scène de l'histoire des peuples qui décident du sort de l'humanité.

» Elle s'intensifia proportionnellement avec le développement de la grande industrie et de la suprématie politique nouvellement conquise par la bourgeoisie. Les doctrines de l'économie bourgeoise, l'identité des intérêts du capital et du travail, l'harmonie universelle, la prospérité générale engendrée par la libre concurrence, furent brutalement démenties par les faits. On ne pouvait ignorer ni ces faits, ni le socialisme français et anglais, qui, malgré ses imperfections, en était l'expression théorique. Mais la vieille conception idéaliste de l'histoire qui survivait encore ne connaissait ni guerre de classes basée sur des intérêts matériels, ni aucun intérêt matériel ; la production et toutes les relations économiques ne recevaient qu'un regard dédaigneux et furtif ; elles n'étaient que des éléments secondaires de l'histoire de la civilisation. Les faits nouveaux imposaient un nouvel examen de toute l'histoire passée; alors l'on vit « que l'histoire n'avait été que l'histoire de la lutte de classes; que ces classes guerroyantes étaient partout et toujours les produits du mode de production et d'échange, en un mot, des relations économiques de leur époque; » que, par conséquent, la structure économique d'une société donnée forme toujours la base réelle que nous devons étudier pour comprendre toute la superstructure des institutions politiques, et juridiques aussi bien que des manières de voir religieuses, philosophiques et autres, qui lui sont propres. » (Engels) [1].

Pendant ce temps, la grande industrie, poursuivant son œuvre de multiplication, de perfectionnement de la production et de la circulation des richesses par la ruine des petits industriels et des petits commerçants, et par l'asservissement et l'affamement des masses travailleuses, rendait de plus en plus évident l'antagonisme des intérêts entre la bourgeoisie régnante et le prolétariat.

La classe bourgeoise s'identifia de plus en plus avec le capitaliste, et le peuple, non possédant, ou peu possédant, avec le prolétaire moderne, industriel et agricole. Dans ces conditions, les illusions harmonistes devenaient difficiles à expliquer.

Avec l'aide de quelques penseurs éminents, les prolétaires comprirent. Ils déclarèrent que l'émancipation des travailleurs doit être l'œuvre des travailleurs eux-mêmes.

---

1. De là, les cris de douleur des économistes sincèrement philanthropes, comme Sismondi, Eugène Buret et quelques autres qui se demandaient avec épouvante si un *moyen âge industriel*, — non moins criminel, non moins douloureux que l'autre, — allait succéder au moyen âge féodal.

En effet, la transformation économique qui mettrait fin à la servitude, à l'ignorance et à la misère du prolétariat supprimerait les capitalistes.

Ces derniers ne peuvent donc pas s'y prêter bénévolement. Ainsi, la transformation ou révolution sociale sera fatalement l'œuvre des travailleurs (et de leurs alliés socialistes venus des autres classes), organisés en parti distinct des partis bourgeois.

Dura lex, sed lex. Toute la rhétorique du monde, toutes les insultes dont on nous abreuve ne feront pas que, quelle que soit leur couleur politique, les partis bourgeois ne soient pas conservateurs au point de vue économique.

Quand a-t-on vu un parti bourgeois au pouvoir faire sérieusement du socialisme, même aux plus beaux jours de l'expansion bourgeoise?

Sur le terrain économique, les Danton, les Marat, les Chaumette, les Barrère [1] et les autres chefs de la Montagne étaient aussi conservateurs, économiquement parlant, que les Vergniaud, les Pétion et les autres chefs de la Gironde. Si l'on invoque le démocrate Robespierre et l'égalitaire Saint-Just, jacobins, j'invoquerai les égalitaires Condorcet et Fauchet, girondins.

La classe bourgeoise représente la liberté et la concurrence; mais, sans abdiquer, elle ne saurait représenter la solidarité humaine, le socialisme.

Ce qu'il y a de vrai, c'est que les meilleurs de la classe oppressive passent à la classe libératrice; ils sont alors reniés par les leurs.

---

1. Ce dernier faisait voter à la *Convention* (le 18 mars 1793) la peine de mort contre quiconque blasphémerait la sacro-sainte propriété bourgeoise qu'on venait de consacrer.

Cela eut lieu en 1789, où des nobles et des prêtres se firent bourgeois pour combattre avec les bourgeois et le peuple le bon combat révolutionnaire. De nos jours, combien aussi de bourgeois d'origine ont vaillamment lutté et souffert pour l'avénement du socialisme !

Ceux-là, travailleurs mes frères, nous devons les recevoir à bras ouverts, car leur entrée dans nos rangs est un gage de victoire.

Mais ces nobles exceptions ne font que confirmer la règle. Les classes, en tant que classes, ne se convertissent jamais aux intérêts de la classe montante.

La nuit du 4 août, ce beau mouvement d'enthousiasme, ne fut ratifié ni par la noblesse, ni par le clergé, et cette explosion de générosité ne se serait pas produite sans les Jacqueries triomphantes des paysans de 1789.

D'autre part, il nous est démontré par l'histoire que les idées nouvelles ne triomphent dans le monde que lorsqu'elles s'incarnent dans une classe qui réussit à s'emparer du pouvoir.

Ainsi, l'idée de liberté, pour laquelle on combattit tant de siècles, n'entra dans le domaine des faits que par le triomphe de la classe bourgeoise, dont elle était la signification historique et le programme.

Si le libéralisme s'incarna tout naturellement dans la classe bourgeoise « la plus intéressée à son triomphe » tout aussi naturellement le socialisme qui est le complément, ou pour mieux dire la généralisation de la liberté bien comprise, « s'incarne dans le prolétariat, le plus directement intéressé à son triomphe. » Et le socialisme ne s'implantera que par l'avénement de la classe ouvrière au pouvoir politique.

L'appellation de *parti ouvrier* que prennent les travailleurs socialistes est donc parfaitement justifiée au point de vue historique.

— Mais vous parlez de classes, où sont-elles, nous objecte-t-on encore? La classe ou caste a pour caractère distinctif d'être fermée tandis que la bourgeoisie est accessible à tout le monde.

— Tout ce qui est ne dure qu'en se modifiant sans cesse et les classes aussi changent de caractère dans le cours des âges. Le patriciens romains ne ressemblaient guère aux brahmanes de l'Inde et les féodaux du moyen âge différaient autant des patriciens romains que les bourgeois modernes diffèrent des nobles des derniers siècles.

Depuis la chute de la civilisation brahmanique, il n'y a plus eu, à proprement parler, de *castes fermées*. La classe privilégiée est plus ou moins accessible, et, tout bien compté, on pourrait établir qu'il était plus facile à un riche bourgeois d'entrer dans la noblesse qu'à un prolétaire de devenir capitaliste.

L'aristocratie anglaise *ne compte plus de descendants des Normands* et elle s'est constamment recrutée dans l'élite de la classe bourgeoise.

Au dernier siècle, la noblesse française n'était pas moins roturière d'origine.

Nous l'avons dit ailleurs :

« Sous le règne de Louis XIII, les anoblissements obtenus à prix d'argent s'élevaient à 40,000.

» En 1789, il existait en France 60,000 fiefs et 365,000 familles nobles (environ 1 million 800,000 individus), *dont 4,120 seulement d'ancienne noblesse*. Il y avait, en outre, 200 secrétaires du roi et 46 secrétaires honoraires dont les brevets procuraient la noblesse à la génération suivante. (ALBAN DE VILLENEUVE, *Hist. de l'Ec. pol.*) »

Ceci prouve qu'avec de l'argent les bourgeois pouvaient toujours prendre leur part des privilèges nobiliaires. Et nous pourrions certainement établir qu'il est plus difficile à un propriétaire de devenir grand capitaliste qu'il ne l'était à un bourgeois de devenir noble.

Examinons maintenant, au courant de la plume et sommairement, cette prétendue égalité de droit entre tous les citoyens.

Au sortir de la Révolution, l'ouvrier qui avait perdu ses anciennes garanties professionnelles se trouvait légalement infériorisé par les restrictions suivantes :

A. *Au point de vue civil :* Obligation du livret, cette mise en carte de la classe ouvrière. Article 1781 du Code civil, portant que le patron était cru sur son affirmation pour les questions de salaire. Dispositif partial de la loi sur les prud'hommes, etc.

B. *Au point de vue politique :* Privation du droit électoral. Déni du droit d'association, de réunion et de coalition reconnu en fait aux employeurs, etc.

C. *Au point de vue social :* Ignorance forcée et conséquences désastreuses, tant au point de vue moral qu'au point de vue matériel, qui en découlent. Insécurité et angoisses résultant de la possibilité d'être à tout moment jeté affamé sur le pavé, soit par le bon plaisir de l'employeur, soit par les crises de plus en plus fréquentes et de plus en plus intenses occasionnées par la rapacité des capitalistes. Privation de la vie de famille, par l'obligation de livrer à la manufacture sa femme et ses enfants. Privation de toute vie intellectuelle et de toute jouissance esthétique. Souffrance continuelle du travail, sans espoir et sans fin, dans les bagnes capitalistes. Asservissement complet dans l'atelier, etc., etc.

Comparez à cette lamentable situation la situation du bourgeois pourvu de rentes ou d'une fonction bien rémunérée. Ce dernier est libre les deux tiers du temps, il vit à sa guise plus ou moins grassement ; pour peu qu'il soit doué d'une intelligence médiocre, tous les horizons lui sont ouverts : il est véritablement libre et maître de sa destinée. Quel contraste !

Dites maintenant si, entre ce bourgeois et ce propriétaire, il n'y a pas plus de distance qu'entre le noble et le bourgeois d'autrefois?

Quelques améliorations politiques sont survenues, comme la conquête révolutionnaire du droit électoral, sans rien changer à la situation économique qui ne peut qu'empirer, c'est-à-dire se généraliser avec les progrès de la grande industrie.

Qu'il y ait des privilèges politiques et économiques dont jouissent les bourgeois à l'exclusion des prolétaires et que la presque unanimité de ces derniers soient rivés sans espoir aux fers du salariat, c'est une vérité qui crève les yeux.

Il y a donc des classes. (*Le Citoyen de Paris*, décembre 1880.

De plus, étant donné la tendance centralisatrice de la grande industrie, les situations intermédiaires disparaîtront de plus en plus pour ne laisser en présence que des gros possédants et des prolétaires, car la petite bourgeoisie aussi sera refoulée dans le prolétariat par les envahissements incessants du capitalisme. Ainsi la classe bourgeoise ou capitaliste ira se rétrécissant toujours plus et en arrivera au point de rejeter constamment quelques-uns de ses membres et de n'en pas admettre de nouveaux : alors la nouvelle féodalité sera faite.

Mais n'anticipons pas.

CHAPITRE V

SIGNIFICATION POLITIQUE DU PARTI OUVRIER

En politique. Il n'y a pas, nous dira-t-on, de *parti ouvrier* ou de *parti bourgeois*. On est clérical ou libre penseur, monarchiste ou républicain, réactionnaire ou progressiste, autoritaire ou démocrate, centraliste ou fédéraliste, opportuniste ou radical, individualiste ou socialiste, mais non pas *ouvrier*, politiquement parlant.

Oui, citoyen, dans les questions purement politiques, les bourgeois (ceux qui sont socialistes exceptés) peuvent être de toutes les opinions que vous avez énumérées et l'on pourrait allonger la liste ; mais chaque fois qu'il s'agira de questions graves, c'est-à-dire d'intérêts économiques, ils seront du parti *bourgeois*, c'est-à-dire unis comme un seul homme pour sauvegarder les intérêts de leur classe, la classe dominante. Nous pouvons bien aussi être du parti *ouvrier* pour nous défendre contre l'exploitation capitaliste.

Avez-vous jamais vu, encore une fois, nos sénateurs et nos députés multicolores différer d'opinion dans une question économique au point de passionner leurs débats?

Non, sur ces questions, ils s'en rapportent aux *hommes d'affaires* de la classe, quelle que soit leur opinion politique.

Et lorsque, par aventure, un socialiste, un Talandier,

égaré dans ces parages bourgeois, fait une proposition socialiste bien modérée, nos législateurs, ceux de gauche comme ceux de droite, n'en peuvent revenir. En vérité, le collègue est fou ! Toucher aux bases sacro-saintes de la propriété bourgeoise et de l'accumulation capitaliste?... Mieux vaudrait se faire jésuite.

Quand ce fut un Proudhon qui vint troubler l'*expédition des affaires bourgeoises* avec des propositions, au fond conservatrices, mais que, d'après la réputation de son auteur, on croyait attentatoires aux intérêts bourgeois, alors ce fut du *delirium tremens*, une fureur inextinguible, et ce fut à qui jetterait le plus d'ordures à la face de l'écrivain prolétaire. Il va sans dire que tous ces constituants bourgeois avaient été unis contre les insurgés prolétaires de Juin.

Il s'agissait bien dans ces moments de nuances politiques entre Lamoricière et Cavaignac, de Falloux et Ledru-Rollin, Thiers et Lamartine, Odilon Barrot et Arago? Les intérêts de la classe étaient en péril et tous se levaient pour les défendre contre la classe ouvrière en armes. Comme bourgeois, ils étaient logiques.

Et en 1871, l'union bourgeoise a été encore plus complète, elle est allée de Belcastel à Louis Blanc. Selon l'expression d'un éminent écrivain socialiste [1], on a vu alors trinquer, hurler, dénoncer et tuer ensemble les Villemessant de tous les journaux, les Galliffet de toutes les alcôves, les Saint-Arnaud de toutes les caisses, les vieux et les petits crevés de tous les régimes. Ils se sont tous essuyé les joues sur les soufflets qu'ils s'étaient autrefois donnés et se sont employés, d'un touchant accord, à fusiller, à incarcérer, à décréter, à

1. *La guerre sociale*, A. L.

budgeter en bons frères... parce que ces gens-là ont un Dieu, le privilège, et que sur son autel ils sacrifient leurs ressentiments et leurs divisions. Divisés en partis politiques ennemis quand il s'agit de la curée gouvernementale, ils agissent contre le prolétariat en parti unique de classe quand les grands intérêts sont en jeu.

Il en sera toujours ainsi, et il faut être naïf pour s'en étonner. Les questions politiques ne sont que des accessoires sur lesquels on peut se battre entre bourgeois sans compromettre les intérêts communs, les questions sociales touchent à l'existence même de la classe, et sur ce point, sauf quelques transfuges passés au socialisme et qui sont rejetés avec haine et mépris, toute la classe pense de même.

Ils n'ont donc pas si tort, les prolétaires militants de se faire ce petit raisonnement :

« Ce qui domine en ce moment tous les débats politiques, ce sont les questions sociales : il s'agit d'arracher à la bourgeoisie ses privilèges, en socialisant la production et la circulation des richesses.

» Jamais la bourgeoisie, qui vit grassement, aux dépens des travailleurs exténués et affamés, en système de production capitaliste, n'y consentira. Tous ceux d'entre nous qui veulent la transformation sociale doivent donc refuser leur confiance aux bourgeois, si républicains soient-ils, qui n'ont pas adhéré au socialisme, qui ne sont pas venus combattre l'exploitation capitaliste dans les rangs prolétaires. »

Mais tout en s'organisant en parti de classe, ils ne sont pas si étroits qu'on veut bien le dire.

S'ils savent que chaque grand progrès est marqué par le renversement d'une classe dominante, ils savent aussi que les membres de la classe la plus généralement opprimée, n'ont pas le monopole des impulsions généreuses, et de la compréhension historique et économique de leur époque; ils se souviennent par exemple que, lorsque à la fin du XVIIIe siècle, la classe bourgeoise se sentit assez savante, assez morale et assez puissante pour fonder sa société libérale sur le renversement des classes dominantes d'alors, le clergé et la noblesse, elle accepta les prêtres et les nobles qui vinrent à elle pour l'aider à faire sa révolution. Mais ces prêtres qui s'appelaient Talleyrand, Grégoire, etc., et ces nobles qui s'appelaient Mirabeau, Condorcet, Clootz, Saint-Just, Lepelletier-St-Fargeau, etc., se défirent : les premiers, de leurs oripeaux ecclésiastiques; les seconds, de leurs titres de noblesse et se firent « bourgeois » pour combattre avec la bourgeoisie pour le progrès humain.

Ils seront aussi les bienvenus les bourgeois socialistes qui viendront à nous, non pas pour nous demander nos suffrages et se faire investir de la direction du mouvement, mais comme de simples combattants pour le grand combat qui est commencé.

— Mais dira-t-on, on est rebuté par certaines intolérances.

— Les prolétaires ont été tant de fois trompés, que leur défiance est compréhensible; mais en venant sincèrement à nous, vous désarmerez vite cette intolérance, dont nous devons d'ailleurs nous défaire, si nous voulons fonder solidement notre parti et conquérir la force pour les luttes suprêmes de la Révolution sociale.

Par révolution sociale, nous entendons (disons-le une fois pour toutes) transformation sociale, sans préjuger si cette transformation sera violente ou non. Mais ce que nous savons, c'est que cette révolution, par le vote ou par le fusil, selon les circonstances, ne pourra être accomplie que par le prolétariat organisé en parti de classe. Si nous nous en tenions aux réformes partielles sur le terrain politique et au rôle d'appoint dans les divers partis bourgeois, l'organisme économique dont la société politique n'est que le reflet, annihilerait tous nos efforts. Tant que la bourgeoisie n'aura en face d'elle qu'un socialisme sporadique et divisé, elle sera solide comme l'airain.

C'est pourquoi nous opposons classe à classe, comme cela a toujours lieu, quand il s'agit non de révolutions politiques, mais d'une révolution sociale.

Nous serions des insensés de ne pas agir ainsi, car dès le premier jour de son triomphe la bourgeoisie nous traita en parti ennemi, comme nous l'établirons chapitre VII.

CHAPITRE VI

SIGNIFICATION PHILOSOPHIQUE DU PARTI OUVRIER

La critique religieuse, si brillamment inaugurée au dix-huitième siècle, a presque terminé son œuvre.

Elle a établi que toute religion est l'œuvre de l'homme, le miroir moral d'une époque. Comme la science et la conscience ou, pour mieux dire, les connaissances et la moralité progresssent constamment dans le monde civilisé, il en résulte que la religion, quelle qu'elle soit, ayant pour prétention première d'être la dépositaire de la vérité absolue (prétention insensée et anti-scientifique, s'il en fût), et pour condition d'existence l'immobilité, la pensée humaine, est fatalement fausse dans ses principes, et rétrograde dans ses réalisations.

C'est la perception de cette vérité qui fait dire à Saint-Simon alors qu'il pensait, en fils du dix-huitième siècle, que les progrès humains étaient en raison inverse de l'idée de Dieu.

Les religions sont d'autant plus rétrogrades que, selon une expression pittoresque de Lafargue, « elles ressemblent à ces animaux inférieurs que l'on peut retourner ainsi que le doigt de gant sans les tuer. A l'origine, elles peuvent synthétiser les aspirations des penseurs et des masses vers une rénovation sociale, elles sont alors révolutionnaires ; mais dès que les circonstances qui les ont produites sont détruites, elles se changent en instruments de réaction. »

Ajoutons que toute religion est nécessairement providentialiste ; par conséquent, tout ce qui existe, même ce qui nous torture, est œuvre divine, c'est-à-dire institution ou chose sacrée. La justice aura son jour dans d'autres vies dont les prêtres affirment la réalité. Dès lors, les revendications populaires sont une impiété ; les catholiques, de Maistre en tête, n'ont pas manqué de tirer cette conclusion, et les papes ne cessent d'anathématiser le progrès. En cela, ils sont logiques.

Supprimer la religion, qui promet un bonheur illusoire, c'est revendiquer un bonheur réel, car démontrer le néant de ces illusions, c'est tendre à la suppression d'un état qui a besoin d'illusions pour subsister.

En d'autres termes, la critique de la religion est la critique de *la vallée de larmes*, dont la religion *est l'aspect sacré* et l'explication morale.

En arrachant à la chaîne des misères humaines, les fleurs artificielles dont la religion l'avait couverte, la critique religieuse a invité l'homme à rejeter au loin sa chaîne de misère et de servitude, pour cueillir, dans les chemins de la vie, la fleur vivante du bonheur réel par la science, l'équité et la solidarité (Voyez Marx, *Critique de l'idée de droit*, de Hégel).

C'est ce qu'a compris le socialisme moderne, et il est devenu nettement matérialiste. Seulement, il ne s'arrête pas, en ce qui touche l'homme, à l'explication purement zoologique que les darwinistes, en bons souteneurs de l'ordre bourgeois, ont mis à la mode, pour justifier l'exploitation capitaliste. Il objecte que l'observation nous montre que « la lutte pour la vie, » dont les darwinistes font le *deus ex machina*, non seulement de la vie végétale et animale, mais encore de l'ordre humain, n'est « individuelle » que dans le règne vegétal et les agglomérations animales, et encore, dans ces dernières, avec de nombreuses exceptions, dont les plus connues sont fournies par l'état social des abeilles, des fourmis, des castors, etc.

Vouloir, comme le crient les darwinistes, flanqués des économistes orthodoxes, et comme on le pratique dans la société bourgeoise, généraliser la lutte pour la vie ou concurrence universelle, non seulement entre les nations et entre les groupes, mais encore entre les individus, c'est dégrader l'homme, cet être perfectible par excellence, au niveau de la basse animalité ; c'est s'inscrire en faux contre toutes les acquisitions scientifiques, artistiques et morales de l'humanité.

Telle est pourtant la signification du *chacun pour soi*, de l'*enrichissez-vous, du laissez faire et laissez passer* des meneurs bourgeois. Telle est la valeur morale de cet ordre individualiste, au nom duquel on massacre et on incarcère si gaillardement les socialistes.

Si *la guerre de tous contre tous* est l'inspiratrice universelle de la basse animalité et de l'ordre individualiste bourgeois, « *la solidarité entre tous les individus de la même espèce, et la pitié envers tout ce qui a capacité de souffrir*, » sont la base morale des socialistes modernes et la loi de la vie *humainement* comprise. C'est cette conception supérieure que le prolétariat a incarnée en lui, et que son triomphe fera entrer dans les faits.

Disons, par parenthèse, que cette concurrence des individus que les darwinistes invoquent n'est qu'une amère plaisanterie dans une société où la concentration entre un petit nombre de mains des forces sociales brise comme verre les capacités les plus brillantes, partout où elles se trouvent en présence, sans que le possesseur desdites forces, le capitaliste, ait à remuer le bout du doigt. L'actionnaire peut être le plus imbécile des jouisseurs, ce qui est un degré suffisamment inférieur, l'entreprise en grand n'en prospérera pas moins, écrasant les petites, aussi intelligemment conduites soient-elles. Vos cartes sont biseautées, messieurs. Mettons les forces sociales à la disposition de tous, et alors, nous verrons qui l'emportera de vos petits crevés dont la sueur cristallisée des prolétaires a doré les berceaux ou de nos travailleurs habitués à la peine.

Un littérateur bourgeois parlait dernièrement de l'écrasement du petit commerce en ces termes :

« L'argent ! voilà ce qui a pris le pas, en ce monde, depuis les quatre-vingt-dix ans dont tout à l'heure j'évoquais le fantôme. Une féodalité semble s'être substituée à l'autre. *C'est la force succédant à l'idée.*

» Je suis frappé, en toutes choses, de l'extension du darwinisme, de l'écrasement du faible, de ces énormes magasins de nouveautés, immenses *puissances anonymes*, se substituant par exemple, dans notre Paris nouveau, aux petites boutiques artistiques d'autrefois, comme un éléphant qui, sous son pied, étoufferait une portée d'écureuils. Il y a là un fait significatif : l'absorption d'une infinité d'efforts par un effort unique, la centralisation de toute la consommation d'une ville. Un temps viendra, nous n'en doutons pas, où les petites boutiques seront fermées, n'ayant plus de raison d'être. »

Nous ne le faisons pas dire à M. Claretie, du *Temps*.

Ce n'est pas tout, le moniteur même de l'opportunisme et de Pangloss, la *République française* laissait dernièrement échapper cet aveu.

Si nous persévérons dans cette voie, si nous ne revenons pas aux vraies traditions républicaines, le plus puissant facteur politique de ce pays sera la richesse. Il se formera, même au sein de la démocratie, une oligarchie politique seule en possession de prendre part au gouvernement de ce pays. Le mal a manifesté déjà ses premiers symptômes ; nous le verrons s'aggraver chaque jour davantage.

Ainsi, la vérité s'impose aux plus rebelles : la production industrielle se féodalise, le commerce se féodalise, l'agriculture commence à se féodaliser (la concurrence américaine la pousse l'épée dans les reins pour cela). Si l'immense peuple des spoliés et des affamés ne veut pas retomber en servage, il faudra bien exproprier, au nom de la société, les quelques expropriateurs de la masse des travailleurs et des petits bourgeois.

Mais reprenons notre sujet.

A travers ces longues et douloureuses séries d'iniquités, de cruautés et de souffrances, l'humanité a eu les yeux sur un flambeau à la lueur d'abord trouble et ensanglantée, mais qui, de siècle en siècle, s'éclairait davantage. C'est la recherche du mieux, physique et moral, nécessitant des efforts collectifs et faisant de la solidarité une loi de plus en plus inéluctable.

Par cette recherche, les progrès en tous genres ont graduellement refoulé les instincts purement égoïstes et cruels de l'homme primitif, encore immergé dans l'animalité, et le *sens humain* s'est développé. De ce *sens humain*, ou ensemble des sentiments d'équité et de sympathie, est né l'altruisme, dont le socialisme poursuit l'application, repoussant comme indigne de l'humanité la loi végétale et zoologique de *la guerre de tous contre tous*, qui est réalisée (avec l'aggravation du capitalisme) dans l'ordre individualiste présent.

L'altruisme ou sympathie universelle est en même temps le *motif moral*, sur lequel se basent les socialistes. L'ancien *motif théologique* est fini, depuis que la science a vidé le ciel et comblé l'enfer, le *chacun pour soi et ses petits* de la société bourgeoise est trop immoral. *La solidarité entre les êtres humains et la sympathie universelle, ou du moins la préoccupation d'éviter des souffrances inutiles à tout ce qui a vie*, n'est-ce pas la morale humaine par excellence? Les socialistes ne pouvaient mieux choisir.

CHAPITRE VII

SIGNIFICATION ÉCONOMIQUE DU PARTI OUVRIER

Nous avons déjà indiqué que certaines grandes idées philosophiques, politiques ou économiques s'incarnent dans une classe dont elles partagent les vicissitudes.

Ainsi en religion, la bourgeoisie représente le voltairianisme, qui consiste à railler superficiellement le culte dominant sans pour cela s'en détacher et surtout sans cesser de le recommander aux masses populaires et de l'imposer aux femmes et aux enfants de la caste, parce que la religion maintient le peuple dans la servitude et que le bourgeois sceptique, n'ayant aucune base morale, est contraint à livrer aux prêtres qu'il méprise l'éducation des siens.

L'irréligion bourgeoise n'a qu'un seul bon côté, c'est la tolérance. Sa plus grande expression intellectuelle, c'est la libre pensée, vacuité philosophique où, d'ordinaire, s'introduisent un déisme aussi vague qu'absurde et le non moins absurde éclectisme spiritualiste.

On a vu que, dédaigneux des hypocrisies et des conceptions mystiques quelconques, les socialistes modernes qui forment les partis ouvriers européo-américains se sont faits matérialistes.

Au point de vue politique, la bourgeoisie représente l'idée de liberté qu'elle a partiellement appliquée; c'est le plus beau côté de son rôle historique. Mais l'idée économique qu'elle a fait triompher ne peut pas être envisagée sous un jour aussi favorable.

Sur ce point encore, elle a prononcé le mot de liberté, mais ce n'a été qu'une abominable duperie.

« Les révolutions bourgeoises, dit Louis de Potter, ont réellement affranchi le capital de toutes les entraves que faisait peser sur lui l'inféodation du sol à la noblesse. Le travail en a été soumis à un esclavage plus dur, et les travailleurs, quoique dégagés en apparence de la servitude politique de caste intérieure, se sont vus plus isolés et plus malheureux que jamais. »

En effet, comme si ce n'était pas suffisant d'ôter, dès 1791, toute possibilité aux ouvriers de se réunir ou de s'associer pour leurs « prétendus intérêts communs » comme légiférait le fameux Chapelier, tandis qu'en fait, toutes les libertés de ce genre étaient laissées aux *maîtres*, on déclara qu'*en fait de salaire, le maître est cru sur son affirmation*, l'on imposa aux ouvriers le régime des prostituées par l'*obligation du livret*, et on les dépouilla de tous droits politiques.

Il fallut, un demi-siècle plus tard, conquérir, à coups de fusil, sur la classe bourgeoise, le bulletin de vote.

Ainsi, ce n'était pas assez, aux yeux de la nouvelle classe dominante, que la lutte des intérêts antagoniques, la concurrence universelle, fût déclarée l'unique loi économique dans une société où l'infime minorité possède, sans contrôle, tous les moyens de travail, tandis que l'immense majorité est obligée de vendre, à tout prix, sa force de travail, pour ne pas mourir de faim.

Il fallait encore ajouter à la servitude économique, déjà si pesante, si humiliante, si déprimante et si douloureuse, des servitudes politiques que la bourgeoisie eut soin d'aggraver encore par ses Guizot et par ses Thiers, quand, après 1830, elle eut définitivement vaincu la féodalité [1].

Et que dire maintenant de cette servitude économique qui, chose terrible, s'aggrave en raison même des progrès industriels et agricoles! Aux prolétaires, qui en souffrent toujours plus, nous n'avons pas à la décrire.

Les hommes des partis ouvriers d'Europe et d'Amérique ont parfaitement compris que le mal pour eux vient non pas tant des institutions politiques — reflet pour une grande part de la situation économique — que du mode de production capitaliste, en ce moment en vigueur.

C'est pourquoi, au grand scandale de tous les partis bourgeois, ils ont déclaré ne plus vouloir être les instruments des politiciens bleus ou rouges, mais vouloir s'attaquer à la racine même du mal, au mode de production et de circulation des richesses que, de *capitaliste*, ils veulent rendre *socialiste*.

On peut les qualifier, autant qu'on voudra, de *fantaisistes*, de *fumistes*, d'*agents gambettistes*, de *cerveaux malades*. On peut même les appeler assassins, brigands, et le reste, ils ont vu juste, ils ont pris le taureau par les cornes, ils sont dans la voie libératrice.

On va le comprendre.

---

1. Voir à la fin du chapitre le texte de ces lois bourgeoises par excellence.

Qu'est-ce d'abord que le capitalisme?

Il est donné une société dont l'outillage est déjà si développé, si perfectionné, et dont les besoins sont si étendus, que la production et la circulation des richesses ne peut s'opérer, d'une manière satisfaisante, que par une immense concentration de matériaux et d'outillage, et par de vastes agglomérations de travailleurs, hommes, femmes, et enfants; il arrive que dans cette société, où la production et la circulation des richesses sont forcément *sociales*, la propriété de la matière et des instruments de travail et tout le *produit net* de l'activité humaine sont laissés à quelques parasites *sans foi ni loi* (tout le monde sait que le propriétaire bourgeois ne se reconnaît aucun devoir social, et que la loi ni les mœurs ne lui en imposent aucun), qui usent et abusent de l'avoir commun, dirigent le travail d'après les impulsions habiles ou mal habiles de leur avidité, et disposent, à leur gré, de la masse des travailleurs qui ont besoin de leur bon plaisir pour pouvoir vivre en travaillant.

Plus l'outillage se perfectionne, plus le travail devient productif, plus les bénéfices des parasites du capitalisme s'augmentent; mais, en revanche, plus les travailleurs perdent en indépendance, en sécurité, et plus ils voient s'aggraver leur misère, car plus grossit le capital social, plus leurs tyrans économiques sont armés contre eux, et moins il y a de travail.

Voilà le capitalisme [1].

1. Ce monde bourgeois est si mal organisé que, tandis que les deux tiers du globe sont encore en pleine barbarie et que, dans le monde civilisé, l'ignorance et les privations sont le lot des majorités, il y a *surproduction de capacités* et de forces productives, comme dans la nature il y a surproduction de germe de

Pour mettre fin à cet état de choses en vertu duquel, selon Sismondi, Buret, Proudhon, Marx, Lassalle, Colins et tous les économistes sérieux, « les riches deviennent tou» jours plus riches et les pauvres, toujours plus pauvres, » les socialistes modernes ont compris qu'il fallait que « la » production, qui est sociale dans son action, devienne so» ciale dans sa destination. »

Et, pour cela faire, ils travaillent à la formation d'un parti des exploités, distinct des partis des exploitants, et ayant pour but la transformation économique, sans laquelle il n'y aura pour eux, quoi qu'en disent les romantiques du radicalisme, ni liberté ni égalité.

Mais, dira-t-on, pourquoi poser la question avec cette brutalité? Les progrès politiques atténueront cette situation et ouvriront les voies au socialisme. Nous allons examiner cette objection.

DOCUMENTS FAISANT SUITE AU CHAPITRE VII.

Note municipale dans le Moniteur *du* 29 *avril* 1791.

Le corps municipal est instruit que des ouvriers de quelques professions se réunissent journellement en très grand nombre, se coalisent au lieu d'employer leur temps au travail, délibèrent et font des arrêtés par lesquels ils taxent arbitrairement le prix de leurs journées ; que plusieurs d'entre eux se répandent dans les divers ateliers, y communiquent leurs prétendus arrêtés à

---

vie; mais, au moins, la nature est logique, l'infini est un infini débordant de vies aux milliards de formes, tandis que dans le monde bourgeois les capacités sont repoussées quand il y a un monde à transformer et une race à régénérer.

1. Lassalle, *Capital et travail*, traduit par B. Malon, 1 fort vol. in-18 jésus, prix 2 fr. en vente chez Derveaux, éditeur.

ceux qui n'y ont pas concouru, et emploient la menace et la violence pour les entraîner dans leur parti et les faire quitter leur travail. »

C'est ainsi que, dès les débuts de la Révolution, les ouvriers étaient mis hors des lois de liberté dont la bourgeoisie usait et abusait.

Décret relatif aux assemblées d'ouvriers et artisans de même état et profession (14-17 *juin* 1791).

ART. 1er. — L'anéantissement de toutes les espèces de corporations des citoyens de même état et profession, étant une des bases fondamentales de la Constitution française, il est défendu de les rétablir de fait, sous quelque prétexte que ce soit.

ART. 2. — Les citoyens d'un même état ou profession, les entrepreneurs, ceux qui ont boutique ouverte, les ouvriers et compagnons d'un art quelconque ne pourront, lorsqu'ils se trouveront ensemble, se nommer ni présidents, ni secrétaires, ni syndics, tenir des registres, prendre des arrêtés et délibérations, former des règlements sur leurs prétendus intérêts communs.

ART. 3. — Il est interdit à tous corps administratifs ou municipaux de recevoir aucune adresse ou pétition sous la dénomination d'un état ou profession, d'y faire aucune réponse ; et il leur est enjoint de déclarer nulles les délibérations qui pourraient être prises de cette manière, et de veiller soigneusement à ce qu'il ne leur soit donné aucune suite ni exécution.

ART. 4. — Si contre les principes de la liberté et de la Constitution, des citoyens attachés aux mêmes professions, arts et métiers, prenaient des délibérations ou faisaient entre eux des conventions tendant à refuser de concert ou à n'accorder qu'à un prix déterminé le secours de leur industrie ou de leurs travaux, lesdites délibérations et conventions, accompagnées ou non du serment, sont déclarées inconstitutionnelles, attentatoires à la liberté et à la déclaration des droits de l'homme, et de nul effet ; les corps admistratifs et municipaux seront tenus de les déclarer telles. Les auteurs, chefs et instigateurs qui les auront provoquées, rédigées ou présidées seront cités devant le tribunal de police, à la requête des procureurs de la commune, condamnés chacun en cinq cents livres d'amende, et suspendus pendant un an de l'exercice de tous droits de citoyen actif et de l'entrée dans les assemblées primaires.

Suit l'énoncé d'autres pénalités.

Ces mesures liberticides commandées par la peur et l'égoïsme bourgeois aggravaient encore la misère de la classe ouvrière, car les patrons, voyant qu'ils avaient un allié dans le nouveau gouvernement maltraitaient et spoliaient encore plus les malheureux serfs industriels. C'est pour se plaindre de cette recrudescence d'oppression patronale que, le 12 juin 1791, les maçons écrivaient à Marat :

« Cher prophète, vrai défenseur de la classe des indigents, permettez que des ouvriers vous dévoilent toutes les malversations et les turpitudes que nos maîtres maçons trouvent pour nous soulever, en nous poussant au désespoir. Ces hommes vils qui dévorent dans l'oisiveté le fruit de la sueur des manœuvres, et qui n'ont jamais rendu aucun service à la nation, s'étaient cachés dans les souterrains le 12, 13 et 14 Juillet. Lorsqu'ils ont vu que la classe des infortunés avait seule fait la Révolution, ils sont sortis de leur tanière pour nous traiter de brigands ; puis, lorsqu'ils ont vu les dangers passés, ils ont été cabaler dans les districts pour y arracher des places : ils ont pris l'uniforme et des épaulettes. Aujourd'hui qu'ils se croient les plus forts, ils voudraient nous faire ployer sous le joug le plus dur ; ils nous écrasent sans pitié et sans remords.

» Gorgés de richesses comme ils le sont, croiriez-vous qu'ils sont d'une avarice sordide, et qu'ils cherchent encore à diminuer nos journées de 48 sous que l'administration nous a octroyées. Ils ne veulent pas faire attention que nous ne sommes occupés au plus que six mois de l'année, ce qui réduit nos journées à 24 sous, et, sur cette chétive paye, il faut que nous trouvions de quoi nous loger, nous vêtir, nous nourrir et entretenir nos familles, lorsque nous avons femme et enfants.

Aussi, après avoir épuisé nos forces au service de l'État, maltraités par nos chefs, exténués par la faim, et rendus par la fatigue, il ne nous reste souvent d'autres ressources que d'aller finir nos jours à Bicêtre ; tandis que nos vampires habitent des palais, boivent les vins les plus délicats, couchent sur le duvet, sont traînés dans des chars, et qu'ils oublient, dans l'abondance et les plaisirs, nos malheurs, refusant souvent à la famille d'un ouvrier, blessé ou tué à midi, le salaire du commencement de la journée... »

La bourgeoisie définitivement triomphante en 1830, voulut plus encore : et la loi suivante fut votée contre le prolétariat qui venait de combattre et de vaincre pour ses nouveaux maîtres.

Loi du 10 *avril* 1834, *sur les associations.*

Art. 1. — Les dispositions de l'article 291 du Code pénal sont applicables aux associations de plus de vingt personnes, alors même que ces associations seraient partagées en sections d'un nombre moindre, et qu'elles ne se réuniraient pas tous les jours marqués. — L'autorisation donnée par le gouvernement est toujours révocable.

Art. 2. — Quiconque fait partie d'une association non autorisée sera puni de deux mois à un an d'emprisonnement, et de cinquante francs à mille francs d'amende.

En cas de récidive, les peines pourront être portées au double. Le condamné pourra, dans ce dernier cas, être placé sous la surveillance de la haute police pendant un temps qui n'excédera pas le double du maximum de la peine. L'article 463 du Code pénal pourra être appliqué dans tous ces cas.

Art. 3. — Seront considérés comme complices et punis comme tels, ceux qui auront prêté ou loué seulement leur maison ou appartement pour une ou plusieurs réunions d'une association non autorisée.

CHAPITRE VIII

ACCUMULATION CAPITALISTE

A cette question : « D'où vient le capital? » les économistes bourgeois répondent effrontément : « Du travail et de l'épargne. *De l'épargne surtout!...* » ajoutent-ils avec componction...

Le capital est en effet du travail accumulé, ou non consommé. Mais les économistes ne disent pas si ceux qui travaillent et ne consomment pas sont les mêmes qui accumulent l'épargne.

Par exemple, Pereire et d'Eichtal, cités par Paul Lafargue, le plus compétent des socialistes français en matière de finances, ont donné des chiffres, d'après lesquels, « dans l'espace de vingt-huit ans, en dehors et au delà des sommes dépensées à maintenir leur misérable existence, à entretenir l'opulente existence des bourgeois de l'empire bonapartiste et de la république opportuniste, en dehors et au delà des charges qui pèsent sur la production française sous forme de dette publique, d'armée, de magistrature, de clergé, etc., les ouvriers français, ces meurt-de-faim, ont produit la somme fantastique de 64 milliards 400 millions. »

« Eh bien, ajoute Lafargue, malgré cette épargne fabuleuse, qui épouvante les financiers, comme Pereire et d'Eichtal, en 1880 comme en 1825 la classe ouvrière française est plongée dans la même désespérante misère.

» Si au lieu de 64 milliards, la classe ouvrière française avait produit une épargne de 200, 500, 1, 000 milliards, sa misère serait encore aussi désespérante. »

Et c'est vrai.

C'est un fait reconnu par tout le monde que, depuis 50 ans, la production, industrielle surtout, a plus que triplé chez les nations occidentales. Il est non moins indiscutable que pendant ce demi-siècle la condition des travailleurs ne s'est pas sensiblement améliorée. A l'augmentation des salaires a répondu l'augmentation des denrées. Les petits ateliers indépendants ont été dévorés par les bagnes de la grande industrie, les travailleurs ont perdu en indépendance et en sécurité.

Les chômages sont plus fréquents ; si quelques professions sont plus heureuses, beaucoup d'autres sont plus éprouvées.

En un mot, les travailleurs n'ont ni plus de bien-être, ni plus de loisir, *et cependant la production a triplé.* La France seule, après avoir nourri ses parasites et payé son effroyable budget, *épargne deux milliards et demi par an!* Qui les empoche? Ce ne sont pas les travailleurs, à coup sûr.

Lorsque dans sa vaste et profonde étude sur le *capital,* Marx a dit : « *Le capital, c'est du travail non payé* » il a dévoilé, en sept mots, tous les mystères de l'accumulation capitaliste.

Quelques exemples :

En 1824, 4,000 fileurs et tisseurs alsaciens produisaient par 36 millions de fr. En 1861 ; 37,000 fileurs et tisseurs produisaient pour 135 millions de francs. C'est-à-dire qu'en 33 ans, la population ouvrière alsacienne avait été réduite de 7 1/2 0/0 (les manquants avaient été, de par le progrès industriel, condamnés à mourir plus ou moins lentement de faim), et que la production avait augmenté de 361 0/0.

Or, le salaire des ouvriers conservés, s'est à peine élevé, d'après Louis Reybaud lui-même, dans la même proportion que les prix des denrées, et, comme ce salaire était très bas au début, il est resté au taux de misère. Qui donc a *épargné,* pardon, empoché les 97 millions d'augmentation annuelle de produits? Si ce ne sont pas les travailleurs, ce sont les capitalistes.

Autre exemple :

Les mines d'Anzin rapportaient, en 1851, à leurs actionnaires 2 millions de francs de dividende; 22 ans plus tard, en 1873, le dividende s'élevait à 11 millions 500,000 francs. Cette année-là, des ouvriers mineurs, exténués et affamés, demandèrent une petite augmentation de salaire. Thiers, *principal actionnaire* et alors président de la République, tonna contre « les brigands qui attentaient à la liberté du travail » et envoya contre eux un véritable corps d'armée, qui obligea les infortunés à redescendre dans leur « enfer géologique. » Quel républicain bourgeois protesta contre cette infamie du cruel petit homme[1] ?

---

1. Le sinistre vieillard qui avait encore les mains rouges du sang de 35,000 Parisiens et qui, pour un dégât de 10,000fr., s'était fait allouer par la France accablée et ruinée 1,100,000 fr. de dommages intérêts, perdit littéralement la tête, quand il vit les mineurs d'Anzin compromettre ses dividendes avec leur singulière pré-

Les mineurs ne gagnent encore que 3 francs par jour en moyenne ; ils vivent de misère, en retour d'un travail torturant et meurtrier. Il est vrai que, de 1850 à 1876, « ils ont épargné plus de 132 millions de francs, que les Audiffret-Pasquier, les Chabaud-Latour, les Thiers, les Casimir-Périer, les Broglie, etc. ont empochés. »

Et voilà comment la propriété est la récompense du travail et de l'épargne, messieurs les économistes bourgeois.

Lors de la discussion entre libre-échangistes et protectionistes, les paroles suivantes furent prononcées à la Chambre des députés :

« PASCAL DUPRAT.— Je disais que j'avais aussi des chiffres instructifs au sujet des houilles. Il s'agit de la valeur des

---

tention de vivre en retour de leur horrible travail. Il commit l'odieuse et folle proclamation que nous allons reproduire, pour montrer où en peut venir un bourgeois dirigeant, quand il est troublé dans son œuvre de rapine.

Voici cette pièce monumentale :

» Versailles, 25 juillet, 2 h. 45 (1872).

» *Président de la République à préfet du Pas-de-Calais.*

» J'approuve votre énergie et la *promptitude de la répression.* » Il faut absolument que ces désastres finissent sans retard. J'ai » fait partir un régiment pour Douai, avec des vivres et des tentes. Un second, celui qui fait brigade avec le régiment parti, » est prêt à s'embarquer.

» *J'ai cent mille hommes ici, et les moyens de répression ne* » *vous manqueront pas.*

» La République ne doit souffrir de désordre nulle part, surtout » le désordre envoyé du dehors par des perturbateurs qui voudraient » bouleverser la société européenne ; *ce sont des ennemis de la* » *libération du sol?* que ceux qui, dans ce moment, inquiètent » les esprits er menacent le crédit de la France. Il faut donc de » suite réduire par la force et la justice. »

» A. THIERS. »

titres. Voici quelques-uns de ces chiffres : par exemple, pour Vicoigne-Nœuds, le titre primitif était de 1,000 fr. : savez-vous ce qu'il vaut aujourd'hui ? 19,000 fr. (Exclamations sur divers bancs.)

« Pour Dourges, les actions, émises à 1,000 fr. aussi, valent actuellement 6,900 fr.

» Marles : actions de 500 fr., valant en ce moment 17,000 fr.

» Courrières : la valeur originaire des actions était de 300 fr. ; ces actions valent aujourd'hui 27,000 fr.

» Je citerai en dernier lieu les mines d'Anzin.

» L'acte de société a été enregistré en pluviôse, je ne sais plus si c'est de l'an VII ou de l'an VIII de la République. Aujourd'hui, les parts sont très divisées, vous le savez aussi bien que moi ; mais il faut que le pays le sache, puisqu'on promène des chiffres menteurs à travers la France et qu'on ne craint pas de les produire à cette tribune, pour y solliciter des tarifs nouveaux au profit de certains intérêts égoïstes, il faut que la vérité soit apportée à la tribune pour que le peuple l'entende. (Très bien ! très bien ! à gauche.)

» Le capital des mines d'Anzin est partagé en 28 deniers, — ce n'est pas le denier de la veuve. (Rires à gauche.)

» *Un membre.* C'est le denier de Saint-Pierre !

» M. PASCAL DUPRAT. — C'est un denier très riche. La valeur du titre est considérable : le denier valait dernièrement 1, 200,000 fr.

» Le dividende était, en 1870, de 16,000 fr., et, l'année dernière, savez-vous quel chiffre il a atteint ? 40,000 francs ! Voilà les pauvres qui vous demandent l'aumône ! »

Autres chiffres.

Dans la *Révolution* de 1876, Alfred Naquet écrivait ce qui suit :

« Chiffre annuel de la production industrielle en France en 1862, douze milliards, ci 12.000.000.000

» Nombre d'ouvriers................. 2.000.000

» Nombre d'établissememts industriels (capitalistes)........................ 150.000

» Les éléments de la valeur des produits industriels sont divisés ainsi qu'il suit par les capitalistes eux-mêmes :

» Main-d'œuvre, 13 75 pour cent; mettons........................... 15 0/0

» Matières premières................ 35 0/0

» Combustibles.................... 7 0/0

» Frais généraux, impôts, assurances, intérêt du capital immobilisé et bénéfices................................ 53 0/0

» Si l'on veut bien faire les opérations nécessaires pour dégager de ces chiffres la part du travail et du capital, on trouvera que chaque travailleur et chaque capitaliste touchent par an :

» Le travailleur.............. 900 fr.

» Et le capitaliste............ 18.400 fr.

» Voilà l'une des faces, et pas la moins importante, de l'ordre social que protègent les défenseurs de la propriété, de la famille et de la religion, cet ordre social dans lequel, comme on l'a dit, les uns meurent de faim et les autres d'indigestion. »

D'après Dudley Baxter, sur 20 milliards que produit l'Angleterre, les improductifs de tout genre prélèvent *douze milliards et demi.*

Mais il faudrait un volume pour énumérer tous les chiffres que nous avons sous la main.

Ceux-là suffiront pour établir :

Que le capital augmente dans des proportions colossales ;

Que cette augmentation, en régime capitaliste, va presque exclusivement aux oisifs qui sont de la sorte de plus en plus armés contre les prolétaires, qui dépendent d'eux pour vivre en travaillant :

Que, ainsi que l'ont démontré les écrivains socialistes modernes et notamment, outre Marx et Engels, Rodbertus, Lassalle, De Paepe, Lafargue, Guesde, Brousse, etc., en vertu de la *loi de fer des salaires*, reconnue par tous les économistes, les augmentations de la production ne peuvent que profiter aux capitalistes au détriment des prolétaires, et qu'il n'y a pas d'amélioration possible, en dehors de l'abolition du salariat ;

Que les réformes purement politiques ne peuvent rien contre cette situation, et qu'en conséquence les hommes du parti ouvrier ont raison de prendre la question comme elle est posée par les réalités économiques, et de vouloir organiser les salariés en parti distinct des partis bourgeois, pour travailler à l'émancipation des prolétaires par la suppression du prélèvement capitaliste et l'abolition du salariat.

CHAPITRE IX

LE PARTI OUVRIER ET LA PROPRIÉTÉ

Au milieu des tristesses du passé, une idée avait été répandue par les fondateurs de religions et les philosophes que ceux qui s'étaient approprié une part de l'avoir social avaient, de ce chef, certains devoirs.

La bourgeoisie, en s'emparant du pouvoir et de la propriété, répudia violemment cette réminiscence des temps où le sol était, dans chaque région, la propriété collective des habitants.

Après une révolution émancipatrice, malgré les progrès des mœurs et la complexité accrue et croissante des relations sociales, la nouvelle classe dominante osa reproduire dans ses codes la sauvage formule romaine du droit d'*user et d'abuser*.

Et la pratique vaut la théorie. Aussi bas que soient tombées les vieilles classes, elles n'ont ni la dureté, ni l'avidité d'un parvenu bourgeois. Qui n'a remarqué que, lorsqu'un domaine passe d'une famille à un nouvel enrichi, toute bienfaisance cesse et que les pauvres des environs expérimentent à leurs dépens l'odieux égoïsme du nouveau maître ? C'est là un fait sans exception.

Quel Shyloch du moyen âge a jamais plus abusé que l'usurier et le propriétaire modernes ? Dans leurs confiscations comme dans leurs vexations, ces derniers sont protégés par la loi, faite par eux et pour eux.

Le propriétaire est la ruine des travailleurs.

Il fait suivre chaque amélioration sociale d'une augmentation de loyer, ou, pour mieux dire, il augmente sans cesse son droit d'aubaine, au point de chasser l'ouvrier des grandes villes, de commettre des assassinats par milliers, en obligeant par l'exorbitance de ses prétentions les familles de prolétaires à grouiller dans des taudis infects où elles languissent et meurent faute d'espace, d'air et de lumière. Quel gouvernement bourgeois se préoccupera jamais de limiter rationnellement les loyers d'après le capital engagé par le propriétaire ? Les autres bourgeois dépouillent le prolétaire (légalement s'entend par les bénéfices de toute nature qu'ils font sur lui) d'une partie du fruit de son travail, *le propriétaire prend tout ce qui reste.*

Le plus fort, c'est que, non content de cette spoliation totale, M. Vautour opprime encore ses locataires avec des prescriptions aussi odieuses qu'idiotes qui font du logement un gîte de surveillance. On trouve dans cette engeance des milliers d'individus qui ne veulent pas loger les enfants et aucun d'eux n'a été étranglé par les mères !

Pour l'employeur industriel moderne — le capitaliste — les prolétaires ne sont que de la chair à travail qu'on use jusqu'à extinction de force, et qu'ensuite on jette sur le pavé pour mourir, comme les anciens Romains jetaient leurs esclaves dans l'île desolée du Tibre. Augmenter ses revenus *per fas et nefas*, ne voir que son intérêt, n'avoir aucune considération humaine pour autrui, ne se reconnaître aucun devoir social, telle est la règle du possesseur bourgeois, tel est l'esprit de la caste.

Je salue avec respect les exceptions, tant parmi les propriétaires que parmi les industriels ; je sais qu'il y a plus de dix justes dans la Sodome capitaliste.

Un darwiniste allemand, M. Schmidt, donnait comme preuve contre le communisme que le polype, qui est à un degré si inférieur dans l'animalité, est un emblème communiste, tandis que le loup, animal supérieur, est individualiste par excellence. Nous ne voulons pas revenir au communisme promisque dont le polype serait l'emblème : mais nous ne voulons pas nous arrêter à un état social dont l'insociabilité des loups est le plus bel idéal. Le savant philistin défend drôlement la société bourgeoise.

Au point de vue juridique, nous pouvons dire contre la forme actuelle d'appropriation : L'ensemble de l'avoir social nous a été légué en partie par la nature et en partie par l'ensemble de nos prédécesseurs. Il n'est le produit individuel de personne. De quel droit Rapax-Vautour ou Robert-Macaire se l'approprieraient-ils, à l'exclusion de tous leurs contemporains ?

Quel caractère prend maintenant ce *détournement*, s'il est démontré qu'il entrave la production, entretient l'ignorance, la servitude, la guerre, la corruption, la misère et la souffrance sous toutes ses faces, sans parler de l'exténuation des générations et de la dégénérescence de la race ?

C'est ici le cas de rappeler cette parole lamentablement vraie de Marx : « Que le capital approprié sue, de la tête aux pieds, le sang et la boue par tous les pores. »

A cette forme de propriété, nous en opposons une autre et nous disons : « La propriété qui est le produit du travail personnel est légitime, mais c'est la seule légitime. »

Il n'y a donc d'appropriable que ce qui est *plus-value*, ou *valeur*, ou *part du travail* dans une chose donnée. Ce qui est terre, agent naturel, accumulation de connaissances, utilité gratuite en un mot, doit être à la disposition de tous, sans droit d'aubaine à aucun oisif, fût-il aussi vorace que Falstaff, et rester la propriété inaliénable de la société.

Nous ajoutons : « Pour que tous aient la faculté de vivre en travaillant, nul n'a le droit de détenir l'instrument de travail d'un autre. »

Telle est notre théorie propriétaire.

Elle laisse à la propriété sociale la terre et l'immense outillage servant à la production et à la circulation des richesses ; elle assure, en revanche, à chaque travailleur l'instrument de travail, individuel ou collectif, et l'équivalent du produit de son activité, les charges sociales étant remplies.

Sommes-nous des utopistes ? Nullement. Nous nous conformons aux nécessités économiques. Ainsi que le disait excellemment J. Guesde à la salle de la Redoute, en réfutant le Dr Coudereau, la forme de la propriété a été, partout et toujours, déterminée par les conditions de l'alimentation ou de la production humaine. Dans la période chasseresse de l'humanité, l'appropriation est nécessairement collective. Elle devient individuelle dans la période agricole, lorsque la culture est limitée aux bras de l'homme. Mais, avec la machine, avec la vapeur, qui ne permettent plus la production individuelle, qui exigent la production en commun

— ou collective — des moyens de production s'impose de nouveau. De là le collectivisme, qui n'est pas une conception *a priori*, mais un postulat des nécessités économiques actuelles.

Cette théorie tant honnie fait profiter toute la société des progrès scientifiques, philosophiques, artistiques, économiques et autres ; elle ne frappe de déchéance que les fainéants et les jouisseurs du travail d'autrui ; elle est fondée, si on l'examine au point de vue de l'intérêt social et des exigences de la production moderne.

Les écrivains de la classe possédante n'ont jamais voulu distinguer entre le principe de la propriété et ses diverses formes historiques.

Pour ces philosophes, il y a eu progrès jusqu'à l'avénement de leurs classes ; mais, depuis lors, la société a trouvé des *assises éternelles*.

Vouloir toucher, par exemple, aux formes propriétaires et familiales actuelles, pour donner à la propriété un caractère moins exclusif, pour reconnaître à la femme ses droits d'être humain et baser l'union des sexes sur la liberté et l'égalité, c'est vouloir détruire la civilisation, rien de moins.

Cette conception, immobiliste et antiscientifique, que les défenseurs de l'ordre bourgeois partagent avec les souteneurs de toutes les religions mortes ou mourantes, était excusable chez les anciennes classes dominantes, quand la philosophie et la science historique n'avaient pas encore démontré que, dans l'immense univers, tout se meut en un perpétuel devenir. Mais, actuellement, elle est un signe frappant de la décadence intellectuelle de la classe bourgeoise.

Sur ce point, les plus recommandables de ses penseurs se séparent d'elle. Ils reconnaissent que nous avons raison de prétendre que les progrès moraux et les nouvelles situations économiques appellent une forme propriétaire *plus sociale* que celle inaugurée par l'avide aristocratie romaine, et remise en faveur, *vingt-cinq siècles plus tard*, par la bourgeoisie triomphante, novatrice en politique, mais rétrograde en économie, et sur les questions familiales ; car si d'un côté le bourgeois solidifiait la propriété romaine, de l'autre côté, il déniait tout droit d'être humain à la femme qui, pauvre, doit être pour eux un instrument de plaisir et, plus riche, une ménagère obéissante ou une poupée brillante.

Mais les faussetés économiques vont à la ruine par le jeu même de leurs propres forces. Tandis que l'ordre économique régnant aboutit à la constitution d'une féodalité nouvelle, l'Etat bourgeois, qui en est le reflet, va forcément à la banqueroute.

Qu'on médite sur ces deux chiffres :

La dette française nationale départementale et communale atteint la somme de TRENTE-CINQ MILLIARDS.

Les budgets de l'Etat des départements et des communes s'élèvent à QUATRE MILLIARDS.

Nous pensons, dit le *Journal des Economistes*, qu'aucun économiste instruit ne saurait croire que la fécondité productive de notre nation puisse supporter, pendant plus longtemps, toutes les compressions de notre régime et le fardeau écrasant de nos impôts actuels, sans être progressivement réduite ; car les symptômes de cette réduction se manifestent déjà sur bien des points. Cependant une telle préoccupation ne paraît avoir nullement pénétré dans l'esprit de notre représentation nationale presque entière.

Parbleu ! ladite représentation s'engraisse : après elle le déluge.

Quand la mesure est comble, comme en Irlande, les anciens démocrates, comme les Gladstone et les Forster, subitement possédés de la fureur propriétaire, forgent, aux applaudissements de la bourgeoisie européenne, d'abominables lois de compressions et de massacres et se déclarent prêts à sacrifier tout un peuple pour sauver les privilèges monstrueux de quelques propriétaires qui doivent leurs immenses domaines à la spoliation et à la rapine.

SUPPLÉMENT AU CHAPITRE IX.

Dans un remarquable article de la *Revue socialiste*, Jules Guesde fait ressortir avec une singulière force la nécessité de socialiser les forces productives. Nous croyons devoir reproduire ses conclusions :

« En partageant la grande famille humaine en possédants et en non-possédants, ces derniers de beaucoup les plus nombreux, évidemment attirés vers ces biens dont ils se trouvent privés et dont ils sont les véritables créateurs, la propriété privée ou *exclusive*, comme on dit en Italie, oblige les premiers, la classe propriétaire, à entretenir sous le nom d'Etat des services dits publics mais purement répressifs ou défensifs de leurs privilèges, tels que police, magistrature, clergé, armée, etc., qui, en Europe seulement coûtent par an et *volent par suite à la production* plus de 15 milliards.

A ces 15 millards ainsi consommés improductivement par

10 millions de fonctionnaires de tout ordre, soldats, juges, prêtres, geôliers, bourreaux, inséparables d'un ordre social fondé sur la propriété capitaliste, qu'on ajoute les 10 milliards au bas chiffre que représenterait le travail de ces 10 millions d'hommes *fonctionnarisés*, — et l'on aura une idée de la nature de l'action exercée sur la production par l'appropriation individuelle. Et l'on devra reconnaître qu'en poursuivant la fin d'un pareil état de choses, en voulant « par tous les moyens possibles » briser une forme de la production qui a cessé de répondre aux nécessités de la production moderne, les collectivistes ont pour eux la science, dont ils ne tendent qu'à traduire en faits, à mettre en vigueur, les arrêts souverains.

Ce qui, je le répète, ne laisse à ceux qui nous combattent que le choix entre ne pas savoir ce qu'ils disent ou ne pas dire ce qu'ils savent; entre se tromper grossièrement, comme il n'est pas permis de se tromper, et tromper sciemment et cyniquement leurs lecteurs, devenus leurs dupes.

Oui, en même temps qu'elle favorise la productivité humaine, qu'elle lui donnera tout son essor, la rentrée à la société de tous les instruments de travail marquera le terme de la monstrueuse inégalité qui préside à la répartition et à la consommation d'aujourd'hui.

Oui, en supprimant, en tant que facteur personnel de la production, le capital devenu propriété anonyme et en permettant de la sorte de traiter tous les produits comme les fruits exclusifs du travail, elle en assurera toute la jouissance aux travailleurs.

Oui, sous la seule condition du travail, approprié aux aptitudes et proportionné aux forces d'un chacun, elle créera le bien-être, l'égal bien-être pour tous.

Et seule elle le peut, parce que qui dit propriété privée, individuelle des moyens de production, dit exploitation sans travail, par la minorité propriétaire ou capitaliste, du travail de la masse des producteurs non propriétaires; parce que le capital individualisé, *personnalisé* fait le travailleur-outil, n'entrant dans la jouissance des produits généraux du travail que juste pour ses frais d'entretien et de reproduction; parce que le *capitalisme*, pour tout dire, a pour effet obligé, pour revers nécessaire, le salariat, cette dernière forme — la pire peut-être — de l'esclavage.

Sur ce point pas de doute possible : Ou les instruments de la production deviendront sous la forme collective, sociale ou nationale (peu importe le nom) la propriété indivise et inaliénable des travailleurs associés, — et la division du travail, *seule source de toutes les richesses*, étendue à ses dernières limites fonctionnera au profit de ces travailleurs, de machines en mouvement pour le compte d'autrui convertis en producteurs pour leur compte et maîtres de la totalité de ces richesses par eux produites.

Ou ils continueront à être, comme à l'heure présente, appropriés par quelques-uns — et, quoi qu'on dise, quoi qu'on fasse, comme ils sont condamnés à s'accumuler, à se concentrer de plus en plus, tous les bénéfices de la division du travail iront à un nombre de plus en plus restreint d'individus, en dehors desquels il n'y aura pour les autres — c'est-à-dire pour la classe accrue des prolétaires — qu'une misère toujours égale.

Notre classe ouvrière a fini par le comprendre; c'est ce qui l'a faite collectiviste — et ce qui la conservera telle, à quelques rigueurs désespérées que puisse avoir recours une caste à bout de raisons.

CHAPITRE X

LE PARTI OUVRIER ET LA FAMILLE

Nous ne dirons que quelques mots de ce grave problème, qui demanderait à lui seul un volume pour être convenablement traité.

On a vu à quel point la bourgeoisie est rétrograde sur la question propriétaire; elle l'est encore plus sur la question familiale. Il y a chez Joseph Prudhomme une haine et un mépris profond de la femme. Les plus révolutionnaires de l'espèce n'en furent pas exempts.

Avec quelle fureur toute bourgeoise, en effet, les grands réformateurs de 1793 repoussaient les revendications féminines, et comme ils insultaient les promotrices! Il a fallu des grossièretés d'un Proudhon, pour dépasser la violence gynophobe d'un Chaumette, par exemple.

Chaque fois qu'ils avaient une femme politique devant eux, les Jacobins ne se possédaient plus.

Pour quelques paroles ils guillotinèrent Olympe de Gouges; c'est surtout à cause de madame Roland qu'ils détestèrent tant et sacrifièrent si gaillardement les Girondins. Mais ils mirent le sceau à leur folie mysogynique, quand, en plein jour, sur la place de la Révolution, ils se ruèrent, comme des bêtes fauves, sur Théroigne de Méricourt, la fouettèrent ignominieusement sur la chair nue, au point que l'infortunée, ployant sous le lâche et inqualifiable outrage, perdit subitement la raison.

Quand il fut question de légiférer, on mit la loi en harmonie avec les actes ; la femme fut annihilée au point de vue politique, subalternisée, au point de vue civil, asservie, au point de vue domestique.

En vertu de sa *faiblesse intellectuelle et physique*, la femme fut astreinte à des devoirs plus durs, à des pénalités particulières. Un acte réputé innocent pour l'homme, *le fort*, fut dit criminel pour la femme, l'*être faible*.

O logique des tyrans !

La servitude familiale consacrée par les codes modernes est de plus en plus intolérable.

On ne saura jamais assez combien souffrent dans notre civilisation européenne ces centaines et ces centaines de milliers de serves domestiques, livrées sans recours, surtout dans le peuple, il faut l'avouer, à l'arbitraire, aux brutalités du mari, maître irresponsable, à qui les rudesses, les corruptions et les iniquités de la vie n'ont enseigné ni la douceur ni la justice. Etant dans une situation abusive, on abuse, c'est la loi.

Prolétaires, qui voulons la régénération sociale et la pratique de la justice, n'oublions pas que nous nous en rendons indignes lorsque, opprimés d'un côté, nous nous faisons oppresseurs de l'autre.

La législation familiale est empruntée au droit romain, vieux, nous l'avons déjà noté, de *vingt-cinq siècles*, et les législateurs bourgeois dont les cerveaux ont subi ce que même un opportuniste appelle *la déviation juridique* [1] protestent avec indignation au nom de la morale et de la République (!!!) contre la moindre amélioration, ne s'agit-il que d'une loi illusoire sur le divorce.

Si une femme, par une intelligence et un courage exceptionnels, franchit le cercle étroit du ménage bourgeois, à combien de calomnies et de haines n'est-elle pas en butte! Tout se ferme devant elle; souvent elle est vaincue là où, avec dix fois moins de mérite, l'homme peut triompher facilement.

Joseph Prudhomme ne permet qu'un genre d'exception à la règle bourgeoise; il admet qu'il y ait des dévergondées pour servir de *chair à plaisir* à son fils, en attendant pour ce dernier la dot qui couronnera sa trentaine assouvie, sinon pourrie.

Proudhon a bien dit la chose comme l'entend le bourgeois: *Ménagère* ou *courtisane*! *L'amour est immoral!*

Cependant, abstraction faite des souffrances subies, des iniquités commises, combien de capacités sont ainsi étouffées, de forces morales détruites, de progrès entravés!...

Par exemple, n'est-ce pas surtout à cette subalternisation de la femme qu'est dû le peu de progrès de notre système éducatif?

Le catholicisme profite de cette étroitesse et de cette dureté bourgeoise (et plébéienne, il faut le dire), pour enrégimenter la femme et tenir par elle la société libérale en échec.

---

1. A cette heure, l'esprit juridique est tout entier mis au service des instincts conservateurs. L'étude du droit prédispose aux passions étroites, au byzantinisme, au pharisaïsmé. (L'*Indépendant.*)

De ce fait, il y a incontestablement régression, en France du moins. Pour s'en convaincre, il suffit de comparer les intelligentes grandes dames du XVIIIe siècle aux ignorantes grosses bourgeoises du XIXe.

Naturellement l'asservissement de la femme a pour corollaire l'asservissement de l'enfant. Il se commet, de ce chef, dans les foyers monarchisés des infamies, des cruautés à faire dresser les cheveux et sur lesquelles cependant la loi bourgeoise se tait; il ne s'agit pas, il est vrai, de la propriété, mais simplement de toute une génération : Joseph Prudhomme ne s'émeut pas pour si peu de chose.

Les hommes du parti ouvrier n'ont pas manqué de se séparer de la bourgeoisie, aussi sur cette question capitale. Ils veulent :

1° L'égalité de droit pour les deux sexes.

2° La garantie de bons traitements et d'une éducation intégrale pour tous les enfants.

Voici en quels termes le dernier congrès ouvrier de Paris a formulé ces *desiderata* du parti ouvrier :

» *A*) Considérant que nul être humain ne peut entraver, limiter, ni remettre à plus tard l'exercice des droits d'une partie de l'Humanité lésée depuis des milliers de siècles;

» Qu'en admettant même que ces droits lui soient refusés par nos gouvernants, ce serait une raison de plus pour que nous les réclamions ;

» Qu'ainsi, si les prolétaires refusaient d'accorder ces droits immédiatement, ils créeraient une inégalité des deux sexes et donneraient une arme à nos ennemis communs, les bourgeois, contre l'émancipation de la Femme ;

» Que d'autre part, si les droits politiques lui étaient accordés légalement, ce serait une période éducative excellente, au point de vue de l'harmonie dans la société transformée;

» Que si cette période éducative doit nous être contraire, il vaut mieux la corriger dans cette société future;

» Le Congrès réclame :

» L'égalité politique, civile;

» L'égalité des salaires;

» L'égalité de l'instruction à tous les degrés;

» L'égalité d'éducation;

» Enfin, l'égalité complète et immédiate pour les deux sexes.

» *B)* Considérant que tous les êtres humains ont le même droit au développement intégral de toutes leurs facultés;

» Considérant que l'éducation civique, qui a été négligée jusqu'à présent, est des plus importantes dans une société bien organisée;

» Considérant, d'autre part, que ce développement est impossible si l'enfant reste à la charge de ses parents;

» Considérant enfin que l'éducation de l'homme n'est jamais achevée, et que tout citoyen doit être mis à même d'acquérir de nouvelles connaissances et de suivre la marche toujours ascendante de l'humanité;

» Adopte les résolutions suivantes :

» 1° L'éducation, dans la société future, sera tout à la fois physique, intellectuelle, morale, professionnelle, civique et économique, c'est-à-dire intégrale;

» 2° Les enfants des deux sexes seront à la charge de la société jusqu'à ce que cette même société les ait mis à même d'exercer une profession conforme à leurs aptitudes;

» 3° L'éducation sera continuée au moyen de conférences faites dans chaque commune et à tour de rôle par tous les instituteurs des communes du canton. Ces conférences porteront successivement sur tous les sujets scientifiques, civiques et économiques. »

En ce qui touche les conditions de l'union entre l'homme et la femme, tant que la régénération morale n'aura pas dignifié tous les contractants, il y aura de grandes iniquités et d'amères souffrances. Les grossiers abus de la force disparaîtront vite avec l'éducation. Déjà l'opinion se prononce contre les lâches tyranneaux de famille qui maltraitent femmes et enfants. Mais les souffrances morales dureront davantage; nous sommes là en présence d'une fatalité naturelle que même la rénovation par l'éducation ne fera pas entièrement disparaître. Toujours celui qui aimera plus qu'il n'est aimé souffrira; disons même plus, sauf des cas très-rares, l'amour profond est une souffrance. Sera-t-il jamais autre chose?

Il n'y a qu'à en appeler à la liberté, en développant, en nous et autour de nous, la dignité, l'altruisme et le sentiment de la justice. Par là, les souffrances affectives seront plus rares et, quand elles viendront, au lieu d'abattre celui qui les subit, elles contribueront à le fortifier pour d'autres combats et à le rendre meilleur.

CHAPITRE XI

LA LIGNE DE CONDUITE

Nous avons essayé d'établir qu'au point de vue économique la civilisation moderne est dans une impasse, que les forces progressistes qui sont en elle sont entravées et de plus en plus étouffées par l'organisme social qui est en contradiction directe avec les progrès philosophiques et politiques réalisés depuis un siècle ;

Qu'une transformation économique est nécessaire, qu'elle ne peut être menée à bonne fin que par les intéressés, les prolétaires, attendu que les politiciens bourgeois sont obligés, de par leurs intérêts de famille et de classe, à défendre le mode capitaliste de production qui les privilégie ;

Que par conséquent, la fondation d'un parti socialiste ouvrier, donnant pour but à ses efforts la transformation économique devenue nécessaire, a sa raison d'être.

Le nouveau parti n'est né que d'hier. Il a dû s'affirmer sous le feu croisé, non seulement des conservateurs, mais encore des progressistes d'une part et des révolutionnaires purs d'autre part.

Les uns (les réformistes) reprochent amèrement au parti ouvrier son caractère trop révolutionnaire, et ils prétendent que par son exclusivisme et la violence de ses revendications, il a jeté le socialisme dans une voie sans issue; les autres (les anarchistes) parlent tout simplement d'ambitions malsaines et de trahison envers la révolution.

Nos adversaires devraient bien s'entendre un peu pour nous épargner des récriminations si contradictoires. Il ne saurait pourtant y avoir d'obscurité, ni dans les agissements du parti, ni dans son programme. La franchise de ses allures est même qualifiée de brutalité par ses adversaires de gauche et de droite.

Quant au programme, il est clair et précis : il ne peut y avoir d'émancipation pour les travailleurs que par la socialisation des forces productives. Cette socialisation ne peut dériver que de l'action révolutionnaire du prolétariat organisé en parti de classe.

Mais, pour pouvoir s'organiser en parti, les travailleurs doivent porter sur le terrain politique par le vote, et sur le terrain économique par les sociétés de résistance et les grèves, les revendications immédiates de la masse des prolétaires. C'est ce que spécifie très bien le programme dans les lignes suivantes, qu'il est utile de reproduire :

« Les travailleurs socialistes français, en donnant pour but à leurs efforts, dans l'ordre économique, le retour à la collectivité de tous les moyens de production, ont décidé, comme moyen d'organisation et de lutte, d'entrer dans les élections avec le programme minimum suivant :

» A. — *Programme politique.*

» 1° Abolition de toutes les lois sur la presse, les réunions et les associations et surtout de la loi contre l'Association internationale des Travailleurs. — Suppression du livret, cette mise en carte de la classe ouvrière, et de tous les articles du code établissant l'infériorité de l'ouvrier vis-à-vis du patron ;

» 2° Suppression du budget des cultes et retour à la nation « des biens dits de main-morte, meubles et immeubles, appartenant aux corporations religieuses » (Décret de la Commune du 2 avril 1871), y compris toutes les annexes industrielles et commerciales de ces corporations;

» 3° Armement général du peuple ;

» 4° La commune maîtresse de son administration et de sa police.

» B. — *Programme économique.*

» 1° Repos d'un jour par semaine ou interdiction légale pour les employeurs de faire travailler plus de six jours sur sept. — Réduction légale de la journée de travail à huit heures pour les adultes. — Interdiction du travail des enfants dans les ateliers privés au-dessous de quatorze ans; et, de quatorze à dix-huit ans, réduction de la journée de travail à six heures;

» 2° Minimum légal des salaires, déterminé, chaque année, d'après le prix local des denrées;

» 3° Egalité de salaire pour les travailleurs des deux sexes;

» 4° Instruction scientifique et professionnelle de tous les enfants mis pour leur entretien à la charge de la société, représentée par l'Etat et par les communes;

» 5° Mise à la charge de la société des vieillards et des invalides du travail;

» 6° Suppression de toute immixtion des employeurs dans l'administration des caisses ouvrières de secours mutuels, de prévoyance, etc., restituées à la gestion exclusive des ouvriers;

» 7° Responsabilité des patrons en matière d'accidents, garantie par un cautionnement versé par l'employeur, et proportionné au nombre des ouvriers employés et aux dangers que présente l'industrie;

» 8° Intervention des ouvriers dans les règlements spéciaux des divers ateliers; suppression du droit, usurpé par les patrons, de frapper d'une pénalité quelconque leurs ouvriers sous forme d'amende ou de retenues sur les salaires (Décret de la Commune du 27 avril 1871);

» 9° Révision de tous les contrats ayant aliéné la propriété publique (banques, chemins de fer, mines, etc.), et l'exploitation de tous les ateliers de l'Etat confiée aux ouvriers qui y travaillent;

» 10° Abolition de tous les impôts indirects et transformation de tous les impôts directs en un impôt progressif sur les revenus dépassant 3,000 fr. — Suppression de l'héritage en ligne collatérale et de tout héritage en ligne directe dépassant 20,000 francs. »

Il est bien entendu que le parti ouvrier réclame des réformes sans trop compter sur leur obtention. Il se fait ce raisonnement : Ou nous obtiendrons ces réformes ou nous ne les obtiendrons pas. Si nous les obtenons, nous serons maîtres de la situation; nous pourrons, pacifiquement alors, mettre la main à la transformation économique, et le but sera atteint sans effusion de sang. Si, au contraire, on nous les refuse, notre mécontentement sera partagé par tous ceux qui ont espéré avec nous; la classe ouvrière, indignée de l'inanité de ses efforts et de l'accroissement de ses souffrances qui en sera résulté, ne prendra plus conseil que de son énergie et, comme les chrétiens, après trois siècles de persécutions, elle livrera, elle aussi, avec le même succès, sa bataille du pont de Milvius, et de nouveau — pour employer le langage de Chateaubriant — le genre humain aura fait un pas. — Mais en attendant il faut grouper le prolétariat autour de revendications immédiates.

Qu'il nous soit permis de rappeler ici les paroles dont nous faisions suivre la publication du programme dans la *Revue socialiste* (du 20 juillet 1880) :

Jamais le besoin d'union ne fut plus urgent pour les prolétaires socialistes français, la bourgeoisie (elle nous en avertit) opère son mouvement de concentration pour pouvoir :

D'une part, tenir en laisse, sans les réduire, les revenants des vieux régimes, dont les criailleries lui servent à amuser l'opinion ;

D'autre part, pour résister au mouvement socialiste et l'écraser au besoin sur le pavé ensanglanté des capitales. Sur ce point, le passé nous dit ce que serait l'avenir et nous serions insensés de n'en pas tenir compte.

A la *concentration bourgeoise* opposons *la concentration prolétarienne*. Tout nous y pousse. Le socialisme, en réclamant *l'abolition des classes*, est forcément l'ennemi de la classe dominante qui le lui rend bien. Or, un parti peut combattre un parti, *mais seule une classe consciente et organisé- peut se lever contre une classe armée de toutes les forces sociales*. Nous ne prêchons pas la guerre des classes, elle est dans l'histoire et dans les faits, nous la subissons, et notre but est justement l'abolition des classes par l'avénement d'une civilisation socialiste [1].

---

1. Sans doute la délimitation des classes à Paris surtout, n'est pas bien tranchée et il y a beaucoup de situations intermédiaires. Mais tout le mouvement industriel accentue la séparation des classes, et si souvent nos conclusions peuvent paraître trop absolues en ce moment même, dans quelques années, elles seront complètement en situation. Nous tenons compte non seulement de l'état présent, mais du mouvement historique.

CHAPITRE XII

RÉFORMES ET RÉVOLUTION

I

La grande erreur des révolutionnaires purs, c'est de présenter la réforme et la révolution comme des réalisations antagoniques.

« Les réformes, disent-ils, amusent, trompent le peuple, ne résolvent rien et retardent la Révolution, seule émancipatrice. »

Si cela était vrai, les peuples les plus misérables, c'est-à-dire ayant obtenu le moins de réformes, seraient les plus révolutionnaires. Rien n'est moins vrai cependant.

Si nous consultons l'histoire, nous voyons quelquefois les masses affamées se jeter dans des émeutes, sans autre impulsion que les souffrances ou les outrages endurés, sans autre but que quelques vengeances particulières. Ces émeutes sont, nécessairement, sans lendemain.

Telles furent la plupart des jacqueries du moyen âge.

Les insurrections se montrent, dès la fin du onzième siècle, dans les communes lombardes ; un peu plus tard, dans les communes flamandes, justement dans les deux contrées où la situation économique du peuple était la plus favorable. La Bourgeoisie française suivit, surtout la bourgeoisie parisienne; mais les plus tenaces et les plus exigeants furent les ouvriers italiens des treizième et quinzième siècles, ouvriers les mieux traités et les plus aisés de tout l'Occident. Ils prirent un moment le pouvoir à Florence; dans toute l'Italie centrale, ils réussirent momentanément à dégrader la noblesse et l'oisiveté [1], en quoi ils furent les véritables inaugurateurs de la démocratie.

La série des grandes révolutions modernes est ouverte par le peuple réformiste par excellence, et qui avait déjà conquis depuis des siècles une certaine aisance : le peuple anglais. Seulement, faisant sa révolution à son image, il la fit égoïste et bornée.

Si la misère et le mécontentement poussaient seuls à la révolution, le peuple français, qui, depuis la fin du quinzième siècle, avait vu sa condition économique si rapidement empirer, se serait révolté à la mort de Louis XIV. C'était le moment politique de la révolution, mais ce n'en était pas le moment psychologique. Le peuple était trop accablé par la misère pour avoir l'énergie de penser à la révolte. Ce fut seulement après la période pacifique et réparatrice du cardinal Fleury, quand le souffle du dix-huitième siècle, l'agitation économiste et, surtout, les réformes de Turgot eurent excité les esprits et amélioré, dans une certaine mesure les conditions, qu'un soulèvement de la France fut possible. Ce dernier

---

1. L'ouvrier qui avait démérité était qualifié de *noble* par acte légal : c'était la note d'infamie. En 1793, la même pénalité fut appliquée contre les paysans rétrogrades par les paysans révolutionnaires.

point surtout est à noter. C'est après que Turgot eut sérieusement tenté l'amélioration du sort du peuple que le mécontentement devint plus grand, événement qui a fait dire à un historien philosophe, M. de Tocqueville : « ce sont les peuples qu'on affranchit qui se révoltent. »

Actuellement, sont-ce les prolétaires les plus misérables de l'Europe que l'on a vu réclamer l'égalité les armes à la main? Ce sont, au contraire, ceux qui ont le plus arraché de réformes depuis un siècle; ceux qui sont le mieux traités et, notamment, les Parisiens. En Espagne, les ouvriers les plus exigeants sont justement ceux dont la situation est la moins misérable : les Catalans et les Andalous. En Italie, pour raison d'excessive misère, le prolétariat souffre, en silence, une servitude inouïe. Il en était de même, — et pour la même raison, — en Allemagne et en Belgique avant le réveil de 1848, pendant que les ouvriers anglais faisaient leur *chartisme*, que les ouvriers français venaient d'enthousiasme au socialisme et appuyaient l'agitation révolutionnaire.

En France même, on put alors constater que, dans les pays que la grande industrie avait brusquement paupérisés et asservis, on mourait silencieusement de faim et d'épuisement sans révolte, comme les malheureux prolétaires alsaciens et les non moins malheureux prolétaires du Nord et de la Normandie, pendant tout le règne de Louis-Philippe. On vit même, de suite après 1830, les ouvriers de Rouen, des plus misérables de France, errer par bandes dans les champs, manger de l'herbe, sans penser à exiger, le fusil à la main, comme leurs frères et leurs contemporains plus énergiques de Lyon, le droit de vivre en travaillant. Les longues journées et la discipline de la faim avaient passé par là et éteint toute velléité de résistance.

Nous pourrions multiplier ces exemples, montrant que, dans les temps modernes, l'esprit révolutionnaire est en raison de l'aisance conquise ou des réformes obtenues.

Nous conclurons qu'il n'est pas vrai, comme le prétendent certains anarchistes, que la misère excessive soit inspiratrice de la révolution : elle n'est inspiratrice que de la résignation du désespoir.

Quand on est descendu à un certain degré de privations, tout ressort moral, pouvant pousser à une revendication justicière, se brise. On subit le présent sans espérance d'un meilleur avenir et sans rien tenter naturellement pour en hâter la venue. Il faut une secousse ayant pour résultat une amélioration, pour que l'esprit révolutionnaire prenne naissance.

Et c'est compréhensible. Toute diminution de fatigue, toute augmentation de bien-être, en développant la pensée, agrandit les désirs, fait sentir l'injustice de la situation qui est faite et pousse à la lutte pour l'affranchissement intégral.

A ce point de vue, on peut dire que les réformes sont mères des révolutions. Seulement, il est bien entendu que je n'entends ici parler que des améliorations collectives, obtenues par tous et pour tous; car tout le monde sait que les améliorations individuelles développent l'instinct bourgeois du *chacun pour soi*, et, par conséquent, le conservatisme à outrance.

II

De ce que les réformes appellent toujours d'autres réformes, les améliorations d'autres améliorations, les réformistes purs en concluent que la révolution n'a plus de raison d'être.

Cette opinion n'est pas moins fausse et n'est pas moins démentie par l'histoire.

Tous les peuples affranchis l'ont été en définitive par la révolution, précédée, il est vrai, d'une longue période évolutive, c'est-à-dire d'efforts réformistes.

Il est constant que toujours une classe dominante, aussi progressiste qu'elle ait paru être d'abord, arrive à être obligée de s'arrêter sur la voie des concessions, si elle ne veut se prêter de bonne volonté à la ruine de tous ses privilèges. Elle résiste alors et la masse des réclamants, d'autant plus entreprenants qu'ils ont déjà plus obtenu, emporte la dernière et principale position par la force : ils font une révolution [1].

Exemple : on peut dans une monarchie obtenir pacifiquement et progressivement toutes les libertés politiques, mais

---

1. Par Révolution, nous n'entendons pas les coups de fusil au hasard et en permanence, l'insurrection, sans préparation, sans chance de succès et presque sans but.

Le sang ouvrier n'a que trop coulé depuis près d'un siècle sans résultat aucun ou au seul profit de la bourgeoisie divisée et aux prises avec elle-même, pour qu'il ne soit pas temps de mettre fin à ces saignées au moins inutiles.

La Révolution pour nous, c'est « la force mise au service du droit » , mais lorsque ce droit « compris et revendiqué par la France ouvrière, n'est plus séparé de sa réalisation, de sa traduction en fait, que par un obstacle, la résistance illégitime de l'ordre social qu'il s'agit de modifier ou de transformer. Quant à cette force, il se peut, quoique rien ne permette de l'espérer — qu'elle soit le bulletin de vote comme il se peut qu'elle soit le fusil. Mais, bulletin ou fusil, peu importe ; il n'y a pas moins Révolution, dès que ce qu'on appelle « le droit ancien » est éliminé en bloc et malgré lui par « un droit nouveau. » (J. Guesde, *Collectivisme et Révolution*.

il a toujours fallu, et il faudra toujours, pour obtenir la République, renverser, par la force, c'est-à-dire révolutionnairement, le monarque.

De même, sur le terrain économique, on pourra obtenir légalement et pacifiquement la liberté d'association et de coalition, la réforme de l'éducation, la déchristianisation du pays, quelques lois protectrices des travailleurs, la diminution des heures de travail, etc. Mais l'on n'arrivera jamais à convaincre la bourgeoisie moderne que, pour que les peuples soient libres et que l'équité règne dans les relations sociales, elle doit se prêter à la socialisation des capitaux. Jamais elle ne consentira à rendre aux producteurs la plus-value créée par leur travail et détournée par elle.

C'est la force qui décidera de cette question, en dernière analyse : la force, l'accoucheuse des sociétés nouvelles, dit Marx.

Il faudra des révolutions sociales pour conquérir l'égalité économique, comme il a fallu des révolutions politiques pour conquérir la République, expression suprême de l'égalité politique.

Il ne s'agit donc pas d'être réformiste ou révolutionnaire; il faut être réformiste et révolutionnaire. Les révolutions ne se font pas au gré de quelques caprices individuels. Une preuve frappante en est donnée par l'impuissance dans laquelle se sont débattus tous les conspirateurs du dix-neuvième siècle. Jamais le succès n'a couronné leurs héroïques efforts, et la Révolution est venue quand ils l'attendaient le moins, alors qu'il était démontré à toute la partie intelligente et progressive du peuple, que le pouvoir régnant s'était buté et que l'on ne pouvait faire un pas de plus sans le renverser.

Et pourtant il ne s'agissait alors que de révolution politique, c'est-à-dire de querelle de parti, de changement d'hommes.

Nous ne laisserons pas faiblir en nous l'esprit révolutionnaire, mais nous sommes bien obligés de compter avec les réalités, de tenir compte des difficultés. Ce n'est que dans les mensonges bibliques que les murs tombent au son des trompettes. La citadelle puissante du capitalisme est plus solidement assise que les dernières monarchies françaises. Pour livrer bataille dans ces conditions, il faut des forces cent fois supérieures à celles des anciens partis. Maintenant les choses ne se passeront plus entre partis rivaux, la masse restant spectatrice et le parti agresseur ayant ordinairement l'opinion pour lui ; mais c'est, ainsi que nous l'avons dit ailleurs, la bataille au front immense d'une classe contre une autre classe. La victoire en bataille rangée qui est tout pour une *révolution politique* n'est que la petite partie de la tâche pour une *révolution sociale*, car il s'agit d'organiser après et d'organiser sans hésitation. Si dans cette seconde partie de la tâche, il y a erreur ou seulement vues contradictoires se neutralisant, l'expiation est rapide et terrible : le passé revient avec les propres troupes de la révolution dévoyée, extermine les pionniers de l'avenir et restaure le vieil ordre.

Cela ne saurait arriver, si préalablement nous avons emporté par la voie des réformes une série de positions secondaires, à la conservation desquelles la majorité sera intéressée.

Si l'on dit que ce serait trop attendre d'agir ainsi, nous répondons que, moins que jamais, il dépend de quelques hommes de commander aux événements. Trois Saint-Barthélemy de prolétaires doivent suffire pour nous faire abandonner la politique de sentiment. Formons notre parti de classe, aguerrissons-le par les luttes politiques et économiques, efforçons-nous, tout en accroissant toujours nos forces, de conquérir quelques-unes de ces réformes qui, comme la diminution des heures de travail et la conquête des municipalités, *améliorent le présent* et *préparent l'avenir*, c'est-à-dire diminuent les souffrances présentes du prolétariat et lui donnent des forces pour les combats suprêmes de l'affranchissement intégral. Agir ainsi, ce n'est pas retarder, mais préparer la révolution.

SUPPLÉMENT AU CHAPITRE XII

« Une révolution sociale n'est pas un phénomène spontané se produisant parce que certains principes de justice sociale ont été découverts par tel ou tel penseur ou parce que les masses dépossédées souffrent toutes les misères. S'il ne fallait que des misères populaires, ou un idéal de justice, de liberté, d'égalité pour amener des perturbations sociales, les révolutions seraient choses communes. Il y aurait beau jour que le communisme, cette forme idéale de toute société, qui n'a jamais cessé de flotter devant les yeux de l'humanité, que les penseurs les plus grands, les Pythagore, les Platon, les Th. Morus, les Rabelais, les Owen, les Saint-Simon, les Fourier ont évolué dans leurs vastes et généreux cerveaux, que les esclaves chrétiens des premiers siècles, que les Niveleurs en Angleterre, Thomas Munzer en Allemagne, les Babouvistes en France ont essayé vainement d'établir, serait devenue la forme sociale de l'espèce humaine.

» Les causes des révolutions humaines sont plus profondes; elles gisent dans le milieu économique; c'est là qu'elles s'élaborent silencieusement, loin des regards des révolutionnaires de la phrase, qui prennent les apparences pour la réalité, qui croient qu'en changeant l'étiquette sociale, la monarchie pour la République, le roy pour le président, on peut parvenir à supprimer la misère. C'est dans le milieu économique qu'il faut aller chercher les forces qui transforment les conditions d'existences des hommes et des sociétés humaines. Pour brasser et triturer matériellement et intellectuellement l'espèce humaine, une petite machine d'un pied cube, le chariot du tourneur, a été plus puissante que tous les penseurs mis ensemble, que toutes les philosophies et toutes les religions empilées les unes sur les autres. (?)

» Ce petit accessoire du tour rendu bientôt automatique « remplace non seulement un outil particulier, mais encore la main de l'homme... il produit les formes géométriques voulues avec un degré d'exactitude et de vitesse qu'aucune expérience accumulée ne pourrait prêter à la main de l'ouvrier le plus habile. » (K. MARX, *Le Capital*, p. 167.) Sans cette petite machine, la grande industrie mécanique, les chemins de fer, la navigation à vapeur, n'auraient pas été possibles; sans elle, la grande production capitaliste avec ses villes et ses populations manufacturières, avec ses richesses capitalistes et ses misères prolétariennes, n'existerait pas : sans elle, la révolution qui doit mettre fin à la société capitaliste ne serait ni possible, ni nécessaire. Au Moyen Age, une combinaison chimique, la poudre à canon, fut une des causes les plus agissantes de la ruine du pouvoir féodal.

» L'esclavage n'a pas été aboli dans l'ancien monde, parce que saint Paul, prenant pour symbole d'une religion nouvelle l'instrument de supplice des esclaves, prêchait l'égalité et la fraternité des hommes, car, dans la France catholique du XIIIe siècle, l'esclavage persistait.

» L'abolition de l'esclavage a des causes plus positives que les farces philanthropiques et chrétiennes. Du jour où la production atteignit ce degré de développement dans lequel il était plus profitable d'employer du travail libre ou serf que du travail esclave, dès ce jour l'arrêt de mort de l'esclavage était signé. Les troubles sociaux qui précédèrent et accompagnèrent l'exécution de l'arrêt économique, n'étaient que les révoltes des éléments nouveaux contre l'ancien ordre de choses.

» Le salariat est parvenu de nos jours à sa phase révolutionnaire, son arrêt de mort est signé. Les Prolétaires ont la mission d'exécuter l'arrêt économique. Non seulement la production capitaliste a décrété l'abolition du salariat, mais elle fournit au Prolétariat les moyens matériels de remplir sa mission.

» Les moyens de production modernes (machines, bateaux à vapeur, hauts-fourneaux, grande propriété foncière, capital mobilier, etc.) sont devenus tellement gigantesques, que ne pouvant plus appartenir au producteur individuel, ils passent temporairement dans la possession individuelle du non-producteur, du capitaliste individuel ou associé.

» En devenant gigantesques, les moyens de production sont devenus collectifs ou sociaux, c'est-à-dire que pour fonctionner ils réclament les efforts combinés d'une collectivité plus ou moins nombreuse de producteurs. Le maître de l'instrument de travail par ce fait est devenu le maître absolu des producteurs qui le mettent en mouvement : de lui dépend leur pain quotidien et celui de leur famille; c'est l'esclavage antique, moins la garantie qu'avait toujours l'esclave d'être nourri, qu'il travaillât ou non.

» En devenant gigantesque, l'instrument échappa à la surveillance et à la direction de son propriétaire : il dut se faire remplacer dans les fonctions multiples qu'il ne pouvait plus remplir; il forma dans la masse de ses salariés des capacités pour diriger le fonctionnement industriel de l'instrument. Dès ce moment il perdit dans la production sociale toute fonction. Quel rôle joue un Say dans la production du sucre de ses raffineries? Aucun, si ce n'est d'empocher les profits et de se payer d'autant plus de bon temps que ses ouvriers triment davantage.

» Dans toute exploitation industrielle, il existe une savante organisation des salariés qui fonctionne sans le concours du propriétaire : il peut être supprimé sans que la production éprouve aucun trouble.

» Ainsi donc l'instrument est devenu collectif, le produit collectif, l'organisation de l'atelier collective; il ne reste plus qu'à rendre collective la propriété de l'instrument. — Les capacités directrices de la production sont dans les rangs des salariés, l'incapacité dans les rangs des capitalistes. Le propriétaire est devenu une *nuisance*, pour me servir du mot de M. Molinari. La richesse s'accumule au pôle de l'incapacité et de l'inutilité, et la misère au pôle de la capacité et de l'utilité.

» Voilà les éléments matériels et intellectuels de la révolution sociale que nous poursuivons.

» Toutes nos revendications collectivistes, communistes, acceptées avec tant d'enthousiasme par les ouvriers de la grande industrie, ne sont pas des fantaisies nées dans nos cerveaux, comme la supériorité de Gambetta dans la tête des bourgeois; elles sortent des entrailles de la réalité; nous ne sommes pas des prophètes, mais des simples porte-paroles, nous traduisons en langage humain, le langage des faits économiques : là, et là seulement réside la force irrésistible de nos théories révolutionnaires.

» Quand nous disons que la propriété des moyens de production devenus collectifs ne peut continuer à demeurer individuelle, nous montrons avec des chiffres positifs la production quadruplant, l'épargne sociale atteignant des proportions fabuleuses, et la misère des masses productives demeurant toujours aussi désespérante. — Quand nous disons que le parti ouvrier s'emparant du pouvoir social, nationalisera les moyens de production, organisera la production et la distribution des produits sur une base sociale, nous montrons que la route nous est tracée par les bourgeois. En effet, dans la société capitaliste, dont la base est la propriété individuelle, l'Etat est obligé d'arracher de la possession individuelle les grands services publics (monnaie, collection des impôts, postes, télégraphes, chemins de fer, canaux, etc...) pour en faire des propriétés nationales. Le parti ouvrier ne fera que compléter l'œuvre de la bourgeoisie.

» Tous les éléments d'une transformation sociale existent à l'état latent dans le sein de la société capitaliste : aux révolutionnaires à analyser dans tous leurs détails les éléments matériels, les phénomènes économiques et à dégager leur mouvement tendantiel; aux révolutionnaires à réveiller les éléments intellectuels, à les rendre conscients de leur force et de leur nombre, à les grouper, à les discipliner, à les préparer aux luttes révolutionnaires, que les antagonismes économiques et politiques amèneront fatalement.

» Ce n'est pas en parlant un langage apocalyptique sur la Liberté, l'Autorité, le Régicide et autres grandes billevesées, ce n'est pas en prêchant l'abstention des luttes quotidiennes; mais en prenant part aux luttes économiques qui éclatent à chaque instant, aux luttes politiques qui passionnent tant les ouvriers français, que l'on arrivera à constituer le parti ouvrier, le parti révolutionnaire.

(Paul LAFARGUE, l'*Emancipation*, novembre 1880.)

CHAPITRE XIII

LA DIMINUTION DES HEURES DE TRAVAIL

Parmi les réformes réclamées, ici, par les grèves; là, dans les congrès ouvriers, et inscrites dans le programme du jeune parti, la diminution des heures de travail est une des plus urgentes et des plus importantes.

Les partisans de la révolution immédiate trouveront que cela ne vaut pas la peine, mais les malheureux et les malheureuses qui sont exténués et maltraités dans les bagnes capitalistes, pendant quatorze et seize heures, trouveront, au contraire, que cette réforme est une des plus urgentes à poursuivre.

Je sais très bien que, étant donnée la loi de fer des salaires, même prise dans son sens optimiste, comme l'ont fait Lassalle et Guesde, la diminution des heures de travail, généralisée, n'aboutirait pas à une hausse générale de salaire, parce que si, d'un côté, l'abréviation de la journée de travail diminuait momentanément l'armée industrielle de réserve qu'a créée le régime capitaliste, c'est-à-dire le nombre des bras inoccupés, l'ancien état de choses serait vite restauré, d'abord, par les nouvelles applications et les perfectionnements mécaniques, et ensuite par l'accroissement de population qui résulterait immédiatement de la condition améliorée des travailleurs.

Tant que régnera l'ordre capitaliste, le salaire moyen ne sera toujours que l'équivalent — rarement plus, souvent moins — de ce que les ouvriers d'une nation donnée considèrent comme leur étant strictement nécessaire pour se nourrir et se reproduire. Mais le fait d'arracher au minotaure capitaliste, pendant trois ou quatre heures par jour, les millions de victimes qu'il dévore, c'est toujours quelque chose. Cependant, ce n'est pas le seul avantage de la diminution des heures de travail.

Les longues séances sont non seulement un agent de dégénérescence physique et morale de la classe ouvrière, elles sont l'agent de résignation et d'abêtissement le plus énergique. Guizot visait les longues journées quand il disait : *Le travail est un frein.* Les privilégiés qui, travaillant à leur heure, se reposent quand ils sont fatigués, ne savent ce qu'est cette épouvantable torture du travail forcé pendant 12, 14, 16 heures, sous les rudesses et les insolences du contre-maître, ajoutant la douleur morale à la douleur physique de la lancinante fatigue.

Et l'exténuation a pour conséquence l'atrophie morale, elle prépare les générations d'esclaves.

Il faut, en effet, être exceptionnellement trempé pour résister, sans rien perdre de son énergie, à des journées de douze à seize heures de travail. Les ouvriers ainsi exténués n'ont plus la force morale nécessaire pour travailler collectivement à l'amélioration de leur destinée; l'extrême fatigue du corps étouffe leur pensée.

Dans la grande industrie où les longues journées sont la règle, rien n'est plus long à venir que la première grève. Il faut, pour la faire éclater, un concours particulier de circonstances, comme, par exemple, un chômage, qui, en dépit des souffrances qu'il entraîne, répare un peu les forces épuisées.

Mais quand la série a commencé, quand la première abréviation de la journée a été obtenue, alors les revendications deviennent fréquentes, car l'ouvrier, ayant un peu de loisir pour penser, réfléchit sur sa situation; il voit qu'il est durement commandé, indignement exploité; il cherche, avec ses camarades, les moyens d'améliorer sa condition : il devient socialiste.

Tels sont les bons effets du peu de loisir conquis :

La diminution des heures de travail est le moyen le plus sûr de révolutionner la classe ouvrière, c'est-à-dire de la ranger sous le drapeau socialiste.

Il est à remarquer que sauf deux ou trois exceptions, les corporations qui tiennent la tête dans le mouvement sont justement les corporations aux journées courtes et aux salaires élevés. Les deux vont ordinairement ensemble : « car, comme le remarque A. Le Roy, les ouvriers pris en masse gagnent d'autant moins qu'ils travaillent davantage. »

Le parti ouvrier a donc agi sagement en mettant au premier rang de ses revendications immédiates la diminution des heures de travail, qui veut dire, non seulement amélioration immédiate de la condition des travailleurs, régénération de la race, mais encore : augmentation de la dignité et de la force intellectuelle des prolétaires; sentiment plus vif de la nécessité de marcher collectivement à la conquête de nouvelles améliorations; en un mot, accroissement et aguerrissement de l'armée socialiste.

Les Anglais ont obtenu l'abréviation de la journée de travail par la législation, grâce à la haine de l'aristocratie de ce pays contre les bourgeois, les Américains par la grève. Les Français n'ont guère à compter que sur cette dernière, la seule arme économique de la classe ouvrière, pour disputer aux capitalistes sa pensée, sa chair et son sang. Même une grève vaincue a son utilité si, comme le recommande Lafargue, avec tant de raison, au lieu de faire la grève pour la grève, comme les *trades-unionistes* anglais, on ne s'en sert que comme un moyen d'ébullitionner les masses ouvrières, d'arracher au capital son masque de phrases philanthropiques et libérales et de montrer aux yeux de tous sa face hideuse et sa meurtrière exploitation.

Mais la grève, comme toute guerre, veut être préparée ; c'est le rôle des sociétés de résistance.

CHAPITRE XIV

LA CONQUÊTE DES COMMUNES

Le *parti ouvrier* ne s'est pas mépris sur l'importance qu'il y a pour lui à conquérir les municipalités ; tous ses membres sont entrés en ligne aux dernières élections municipales, non pas seulement pour se compter, mais encore pour poser devant l'opinion les bases théoriques de leur commune sociale.

A cet effet, un programme, dû à l'inspiration de Paul Brousse et des cercles de Montmartre, a été adopté par le plus grand nombre des comités électoraux du parti.

Ce programme remarquable a été donné comme la paraphrase, au point de vue communal, du programme électoral du parti ; à ce titre, nous devons le faire connaître avant d'aller plus loin.

« Considérant,

» Que le développement de la production moderne substitue progressivement dans chaque branche d'industrie, la machine à l'outil, l'automatisme à la capacité technique, et l'effort collectif à l'individuel ;

» Que, par suite, l'appropriation des moyens de travail et des produits doit suivre une marche parallèle, et de, presque entièrement privée qu'elle est aujourd'hui, devenir de plus en plus collective ;

» Considérant,

» Qu'actuellement les différentes industries sont inégalement développées ;

» Que si quelques-unes, comme les chemins de fer et les mines, sont à point pour être transformées en services publics nationaux, voire même internationaux, le plus grand nombre d'entre elles, comme l'industrie du gaz, par exemple, ne font point sentir encore leur action hors des limites de la Commune, et qu'il y a lieu par conséquent d'établir, au moins transitoirement, de nouvelles propriétés publiques communales ;

» Considérant,

» Que parmi les Communes, s'il en est où la grande industrie domine, il en est d'autres où règne presque exclusivement encore la petite culture, la petite ou moyenne industrie ;

» Que par suite les mêmes mesures économiques ne pouvant être appliquées dans toutes les communes, la forme politique qui correspond, qui est le reflet de cette organisation économique, doit être une fédération communale respectant cependant l'unité de la République ;

» Considérant, enfin,

» Qu'une transformation sociale aussi complète exige de la part du prolétariat en lutte, l'emploi de tous les moyens,

» Les groupes dont les noms précèdent, décident :

» 1° Qu'il a lieu :

» De poursuivre l'établissement de la propriété collective, nationale ou communale, selon les cas :

» De marcher à la conquête des municipalités ;

» — De faire usage, pour atteindre ce double but, de tous les moyens d'action, y compris le vote ;

» 2° Qu'il y a lieu :

» De faire un premier pas dans cette voie, en entrant dans les prochaines élections municipales avec le programme de revendication suivant :

» A. — PARTIE POLITIQUE

» *La commune rendue maîtresse de son administration, de sa police, de sa justice, de son armée* :

» 1° Droit de nomination des maires et adjoints enlevé au gouvernement, et élection d'une administration municipale par la Commune ;

» 2° Rémunération des fonctions de conseiller communal et de toutes celles établies par la Commune, — cette rémunération étant basée sur le taux moyen des salaires ouvriers ;

» 3° Ratification des délibérations prises en conseil, non plus par les agents du pouvoir, mais dans les cas importants, comme celui du budget, par exemple, par le vote populaire ;

» 4° Droit d'initiative législatif donné en matière communale aux citoyens, et obligation pour le conseil communal de discuter dans un délai déterminé les projets qui lui seront soumis avec la signature de 10,000 citoyens ;

» 5° Publicité des séances. — Publication d'un bulletin officiel communal. — Affichage des décisions prises en conseil ;

» 6° Droit de vote et droit à l'éligibilité rendus aux femmes dans la Commune ;

» 7° Introduction en matière judiciaire des principes de l'arbitrage et des jurys élus par les électeurs de la Commune ;

» 8° Armement dans la Commune de tous les citoyens. Désarmement et licenciement des troupes de police ;

» 9° Droit de révocabilité du mandataire confié au comité qui a patronné sa candidature ;

» 10° Liberté de coalition et d'entente entre les différentes communes ;

» 11° Mandat donné à chaque conseiller municipal de voter contre toute candidature de délégué sénatorial.

» B. — PARTIE ÉCONOMIQUE

» *La commune maîtresse de ses services publics* :

» 1° Transformation en services communaux (ou départementaux), des monopoles des grandes compagnies (omnibus, tramways, eaux, gaz, etc.), tous ces services devant fonctionner désormais, sinon gratuitement, au moins à prix de revient ;

» 2° Etablissement par la Commune d'industries municipales, pour qu'en vertu de leur droit à l'existence, les travailleurs mis à pied par les crises, les grèves et les transformations de l'outillage, reçoivent du travail, et que la Commune s'achemine ainsi du régime de la propriété privée au régime de la propriété publique ;

3° Enseignement intégral gratuit de tous les enfants mis pour leur entretien à la charge de la Commune, jusqu'au jour où l'Etat consentirait à prendre dans ses dépenses la part qui lui revient ;

» 4° Création de greniers, minoteries, boulangeries, ouverture de bazars, construction de maisons salubres, le tout à titre municipal, pour combattre les spéculateurs au profit des travailleurs dont le coût d'entretien de la force de travail baisserait par suite de la vente et de la location faites à prix de revient ;

» 5° Généralisation du service de statistique communal ;

» 6° Réorganisation des services d'hygiène, médicale et pharmaceutique ;

» 7° Organisation par la Commune de son assistance, e des différents services de sécurité publique.

» *La Commune maîtresse d'intervenir dans les questions de travail* :

» 1° Par des lois de garantie ;

» 2° Par des mesures tendant à ce que le travail des prisons ne fasse plus concurrence au travail libre ;

» 3° Par les secours donnés, en cas de grève aux ouvriers grévistes contre les patrons.

» *La commune maîtresse de son budget* :

» 1° Suppression du budget des cultes ;

» 2° Cessation des aliénations des biens communs, et retour à la collectivité de ceux déjà aliénés ;

» 3° Suppression des octrois, et remplacement de tous impôts (directs et indirects) par un impôt unique, payé à la nation par la Commune, et perçu par celle-ci sous la forme d'un impôt fortement progressif, frappant tous les revenus qui dépassent trois mille francs ;

» 4° La Commune héritière dans toutes les successions.

Ainsi envisagée, la question communale est plus de la moitié de la question sociale. Toute la *partie politique* est immédiatement réalisable, et les principales prescriptions de la *partie économique* le sont aussi.

Mais il faut avant tout conquérir l'*autonomie communale* (sans léser bien entendu les intérêts sociaux qui sont du ressort de la région ou de la nation); autrement, les élus prolétariens des communes conquises seraient impuissants.

Cette question de l'émancipation communale est plus importante que ne se l'imagine peut-être la classe dominante.

Accordée aux revendications populaires, elle peut aider puissamment à l'accomplissement pacifique de la transformation économique.

Si elle est refusée, la démocratie sociale est obligée de porter tous ses efforts contre le pouvoir politique, resté l'incarnation gouvernementale du régime capitaliste, condamné à faire place à une organisation sociale de la production et de la circulation des richesses.

En d'autres termes, la commune serve, c'est la plupart des réformes économiques rendues impossibles, c'est la révolution sociale rendue plus probable.

Que la bourgeoisie y songe.

Quoi qu'il en soit, en se plaçant aussi sur le terrain communal, le *parti ouvrier* fait œuvre sage. Il aborde les questions économiques d'abord par leur côté le plus facile, et quand même l'obstination jacobine de la bourgeoisie se refuserait à l'affranchissement communal, en s'exposant à toutes les conséquences révolutionnaires de ce refus, les élus du *parti ouvrier* pourraient encore beaucoup dans leur sphère communale : dénonciation des tripotages financiers avec les emprunts, rectification des impôts municipaux, réorganisation de l'instruction et surtout de l'instruction professionnelle, réglementation du commerce des vivres, concession des travaux publics aux corporations ouvrières en leur accordant les crédits nécessaires, surveillance active des ateliers où les femmes et les enfants sont si indignement exploités, et beaucoup d'autres interventions de ce genre toutes favorables à l'organisation du prolétariat et ayant toutes pour résultat l'élévation intellectuelle et le bien-être des prolétaires.

En outre, les élus ouvriers acquerraient dans les municipalités les capacités administratives dont le parti aura tant besoin, dès que le jour des transformations économiques sera venu — que ce soit un lendemain de révolution ou un lendemain de vote.

CHAPITRE XV

TACTIQUE DU PARTI OUVRIER

Telles sont, en thèse générale, les principales revendications du parti ouvrier.

Nous avons essayé d'établir qu'au point de vue historique, philosophique, économique, le parti ouvrier avait raison suffisante de se former un parti distinct des partis bourgeois.

Maintenant le câble est coupé, il ne s'agit plus pour les prolétaires militants que d'amener en grand nombre leurs frères de classe sous les bannières du parti ouvrier.

Pour cela faire, une autre tactique s'impose ; il ne s'agit plus de rechercher et de faire ressortir les raisons de séparation ; mais bien de démontrer que la formation du nouveau parti n'entravera en rien le succès des conquêtes entreprises, qui sont communes aux socialistes ouvriers et aux radicaux socialistes, telles que l'abolition du budget des cultes, la reprise des biens du clergé, la nationalisation de la banque de France, la socialisation des chemins de fer et du matériel des moyens de transports, des mines etc., l'instruction intégrale et professionnelle garantie à tous par l'état ou la commune, la complète liberté de réunion, d'association, de coalition et de presse, la limitation des heures de travail, l'autonomie administrative de la commune etc., etc.

En se formant sous le feu croisé de ses adversaires, le parti ouvrier a eu deux tâches difficiles :

Affirmer son caractère de parti de classe.

Mettre en lumière toutes ses revendications et justifier son peu de foi dans les paliatifs proposés par les démocrates bourgeois.

C'est fait.

En ce qui touche les revendications immédiates à poursuivre, nous n'en pouvons parler en détail qu'en abordant la question difficile des moyens, ce sera l'objet d'un prochain travail.

Les hommes du parti ouvrier se préoccupent avec raison de cette question des agissements immédiats. Pour en hâter l'étude un cercle vient de se former sous le titre le *Travail.* Je crois devoir transcrire ici son acte de naissance et ses très remarquables considérants.

LE TRAVAIL

« Un certain nombre de socialistes viennent de fonder un groupe qu'ils nomment le *Travail,* Cercle d'étude et de propagande socialiste.

» Une commission provisoire a été élue avec mandat de recevoir des adhésions.

» Cette commission se compose des citoyens Brousse, Prudent Dervillers, Harry, Lavy et Paulard.

» Les admissions dans le groupe sont réglées par l'article suivant :

» Toute demande d'admission doit être signée par deux membres du Cercle et adressée au secrétaire qui devra, dans la séance la plus prochaine, en donner communication au groupe. Le vote aura lieu à la séance qui suivra celle de la présentation, et le candidat sera admis s'il réunit sur son nom un nombre de suffrages favorables égal aux deux tiers des membres inscrits.

» Tout citoyen qui demande à entrer dans le Cercle est tenu de signer les considérants suivants, qui ont servi de base à la constitution du groupe ·

» Considérant,

» Que le mouvement économique de la société moderne aboutit de plus en plus à l'expropriation du travailleur et à l'établissement du monopole de tous les moyens de travail au profit de grandes compagnies, commandées elles-mêmes par les barons de l'industrie, du commerce et de la finance;

» Que ce double mouvement a une double conséquence :

» L'une, sociale, la séparation chaque jour plus nette de cette société en deux classes; l'autre, d'ordre politique, découlant de celle-là, la constitution du prolétariat en un parti politique distinct, destiné à prendre en mains la défense de ses intérêts de classe, et chargé de poursuivre, par la socialisation de tous les moyens de travail, la mise de ceux-ci à la disposition du producteur individuel et collectif;

» Considérant,

» Que, pour atteindre ce double but, la défense actuelle de ses intérêts et son émancipation prochaine, le prolétariat doit s'emparer de tous les pouvoirs politiques, ceux-ci étant, à titres divers, et par destination, les conservateurs des monopoles et des intérêts de classe de la bourgeoisie;

» Considérant,

» Que l'accomplissement de cette tâche exigeant l'union intime du parti, le prolétariat peut bien être amené par les circonstances à exercer transitoirement et seulement contre la bourgeoisie, une dictature révolutionnaire de classe, mais qu'il ne saurait instaurer ou laisser établir aucune direction gouvernementale dans son sein;

» Considérant,

« Que le prolétariat en lutte doit faire usage de tous les moyens en son pouvoir,

» Les citoyens soussignés, tous membres du parti ouvrier socialiste, décident de constituer un groupe pour la défense des propositions suivantes :

» 1° Mise à la disposition des travailleurs, par la société, de tous les moyens de travail;

» 2° Conquête du pouvoir politique par la classe ouvrière, constituée en parti distinct de toutes les nuances du parti bourgeois;

» 3° Unification administrative, mais antigouvernementale, du parti ouvrier;

« 4° Emploi de tous les moyens de lutte : résistance économique (grève), vote et force selon les cas. »

Les demandes d'admission sont reçues chez les citoyens Lavy, rue de la Gaîté, et Prudent Dervillers, 15, rue Gaillon.

LA COMMISSION PROVISOIRE.

CHAPITRE XVI

LA SITUATION ÉCONOMIQUE JUGÉE PAR UN RÉACTIONNAIRE

Nous avons, croyons-nous, établi avec quelque évidence le bien fondé des revendications prolétariennes, néanmoins comme preuve supplémentaire,

Le trop en cela ne fut jamais perdu,

nous donnerons sur le même sujet la parole à un ennemi.

Lorsque nous établissons que le développement de la production moderne, se mouvant dans le cercle capitaliste, détruit rapidement tout ce qui reste de travail indépendant et, de plus en plus, asservit, dépouille, exténue et paupérise la classe ouvrière et même la classe des petits bourgeois, les repus de toutes couleurs, cléricaux ou voltairiens, monarchistes ou républicains, n'ont pas de termes assez insultants pour nous accuser de n'être que des fauteurs de haine et de désordre.

E pur si muove? Et cependant la grande industrie achève de spolier la masse des producteurs et de créer une féodalité capitaliste, aux appétits monstrueux qui, dans trente ans, si on la laissait faire, aurait remis l'Europe en servage.

Cela est si évident que même un clérical a pu en être frappé.

Nous lisons, en effet, dans la *Civilisation*, sous la signature de M. Eugène Loudun, les constatations suivantes :

« Tout, dans le commerce, dans l'industrie comme dans l'Etat, tend à l'unité et à l'exploitation de la masse humaine par un petit nombre d'hommes représentants de l'unité. A la fin de la République romaine, le sol de l'Italie appartenait à quelques patriciens qui faisaient travailler des milliers d'esclaves ; il y en avait qui en possédaient jusqu'à vingt mille. Le principe est identique, le résultat est le même ; la forme seule a changé. Ce ne sont pas des provinces, ce sont d'immenses empires industriels qui appartiennent à quelques hommes puissants.

» Ce n'est pas un homme qui compte, un Jacques Cœur, un Samuel Bernard ; c'est un être impersonnel, une agrégation, qui se désigne elle-même d'un nom vague, général, une *société*, une *compagnie*, et dans laquelle disparaissent les individus.

» Tous les chemins de fer français et du Continent européen, disait un écrivain économiste, en 1867, sont aux mains de cent trente-six podestats ; puis ils gouvernent en France, les banques, le gaz, les omnibus, les messageries, la navigation, les mines, etc. »

Pour les travailleurs, plus de repos, plus de joies d'aucune sorte, sous la domination de cette féodalité de l'argent.

A l'œuvre ! et tous les jours ! Le charbon flambe, les soufflets avivent le feu, les roues tournent, les courroies roulent, les marteaux frappent. Tous les jours, à la forge, à l'atelier, dans l'usine, dans les mines ténébreuses ! Au travail, sans repos et sans relâche !

Et tous, les hommes et les femmes, les femmes et les enfants, les adolescents et les petits enfants ! tous sont embrigadés, disciplinés, comme à la caserne, comme au collège, comme dans les prisons. La cloche sonne : dispos ou las, à l'établi, au métier, au fourneau!

Eh quoi! misérables ouvriers, plus de travail dans la maison, chez nous, à notre heure! La maison, où nous disposons de nous-mêmes, où l'on se voit, on se parle, on se communique! La maison, où nous visitent nos amis et nos parents! La maison qui reconnaît nos pas, qui semble être incorporée à nous, et dont les meubles mêmes, témoins de notre vie, sont comme d'anciens et vieux amis! La maison où l'enfant rentre joyeux de l'école, où la femme nous attend en apprêtant le repas, nous sourit en nous revoyant, et, aux heures de fatigue, nous console et soutient notre courage!

Non! ces joies, ces jouissances, ces consolations, des milliers, des millions d'hommes ne les connaissent plus! Ces besoins ils ne les satisferont jamais! Liberté morale, dignité humaine, ils n'auront plus rien!

Et tous sont ou vont être jetés dans les bagnes industriels :

Déjà, les artisans qui travaillent pour leur compte, chez eux, n'existent pour ainsi dire plus : toute cette classe est enrôlée dans les cadres, passée aux gages des compagnies, des monopoles industriels. Ce système sera complet, le jour où on aura appliqué le système actionnaire à l'agriculture : ce sera un progrès, mais non pas une indépendance! (Pellerin, *Bulletin de la Société d'anthropologie*, juillet 1867.)

Rien n'adoucit le dur régime du travail salarié moderne.

. . . Le monde moderne a ses serfs et ses esclaves, ses serfs *corvéables à merci*, et des esclaves tremblant sous un maître sans croyance et sans cœur.

Jamais, dans les misérables chaumières groupées au pied du formidable donjon, les vilains de la plus basse classe ne furent traités avec cette dureté calculée, ce mépris impudent et ce reniement effronté de l'immortelle égalité humaine.

. . . Je ne parle pas de ces ouvriers des mines, de ces femmes, de ces enfants, qui, dans les noires galeries, tirent les chariots lourdement chargés, en se traînant sur leurs mains et sur leurs genoux : de ces hommes qui, couchés sur le dos, détachent, à coups de pioche, le charbon de la roche qui surplombe; de ces populations enfouies sous la terre, qui ne remontent qu'un jour par semaine à la lumière du soleil, sortes de spectres, de fantômes, qui semblent désaccoutumés de respirer l'air de la vie, et de se retrouver parmi les hommes, étonnés eux-mêmes de ces pâles apparitions.

Dans nos villes mêmes, où se passe notre vie facile et aisée, qui de nous s'émeut des spectacles lamentables auxquels sont habitués nos yeux? Est-ce un homme, que vous rencontrez attelé, comme une bête de somme, à cette lourde charrette? Souvent ce n'est pas un homme, l'homme est nécessaire à l'atelier : c'est un adolescent, une femme, un enfant. Attachés entre les brancards par un harnais presque semblable à celui des chevaux, qui passe sur ses épaules et se rejoint au bas des reins, courbé en deux, le dos allongé, les genoux pliants et les bras fortement tendus, il tire le poids énorme qui l'épuise, en soufflant, en gémissant, les regards fixés sur le pavé!... Mais si ces hommes, en piochant, en tirant, sont vite usés, et bientôt bons seulement à jeter au rebut, le maître s'est enrichi!...

Les prolétaires isolés ou réunis par groupes corporatifs ne peuvent rien contre cette horrible destinée, et...

Après quelques vains efforts, dit le rédacteur de la *Civilisation*, l'ouvrier isolé baisse la tête et, à pas lents, il se rend à l'usine. Il *se rend*. C'est bien le mot. Il y rentre, et n'en sortira plus!...

Enfin, M. Loudun annonce la guerre des classes, si l'on ne se hâte pas de revenir à la charité chrétienne.

Grand merci du remède : l'effroyable moyen âge nous a montré ce qu'il valait.

Mais l'absurdité de la conclusion n'ôte rien à l'incontestable et lamentable vérité des faits rappelés par l'écrivain réactionnaire. Voilà en effet, nous ne saurions trop le répéter, où en est de plus en plus réduite la classe ouvrière par la grandissante féodalité capitaliste. L'œuvre de sang et de larmes s'achève, asservissant, spoliant et torturant les masses pour enrichir quelques parasites : ce sont les grands capitaux qui dévorent les petits, c'est l'*expropriation féodale* et spoliatrice, précédant et appelant l'*expropriation sociale* et justicière qui rendra aux producteurs ce que les barons de la finance leur ont pris.

RÉPONSE

A QUELQUES OBJECTIONS

Certains de nos amis nous onttout d'abord reproché d'avoir fait la part trop belle aux réformistes. Si, en disant qu'il y a des *époques évolutives* et des *époques révolutionnaires*, que la politique socialiste doit bien savoir distinguer entre les deux pour ne pas agir à contre-sens, que les réformes d'ordre général, en époque évolutive, sont préparatrices de révolution ; mais que, par la force des choses, elles ne peuvent aboutir à l'affranchissement intégral, que toujours, à un moment donné, — la force étant l'accoucheuse des sociétés nouvelles, — c'est la Révolution qui brise les derniers obstacles et ouvre les voies nouvelles ; si, en disant, cela, nous avons été plus réformiste qu'il ne convenait, c'est à nos lecteurs à en juger.

Le citoyen Creissen, de Marseille, délégué au Congrès du Havre, nous écrit au nom d'un certain nombre d'amis, que l'on accepte le programme sans restriction, mais que l'on trouve trop exclusive l'appellation du *parti ouvrier* [1].

Nous avons exposé le bien fondé des prolétaires socialistes à se former en parti distinct, tout en indiquant que, sous peine d'impuissance, le nouveau parti doit admettre dans son sein les socialistes d'origine bourgeoise. Si, maintenant, les mandataires du prolétariat décidaient dans un Congrès que, pour mettre fin à certains malentendus, on s'appellera désormais *parti socialiste*, nous n'y verrions, pour notre part, aucun inconvénient, pourvu qu'il restât bien entendu que l'on continuera à faire de la politique de classe.

A propos du darwinisme, nous avons éveillé les susceptibilités de notre ami Dramard, qui, dans une très intéressante lettre que nous aurions voulu reproduire, établit que la vérité scientifique du darwinisme, ou plutôt du *lamarkisme* (du nom de Lamark, le vrai fondateur du transformisme) est incontestable.

Nous n'avons jamais dit le contraire; nous avons seulement protesté contre les conclusions antisociales de certains darwinistes. Nous avons soutenu contre eux :

1° Que la lutte individuelle pour la vie et la sélection naturelle qui régissent sans conteste le développement des plantes non cultivées et la plupart des animaux non domestiqués est modifiée dans l'ordre humain par les rapports sociaux;

2° Que dans l'état actuel où les uns possèdent à l'exclusion des autres, l'immense accumulation de forces productives et

---

1. Notons que, de la même ville de Marseille le citoyen Léon Pillet, au nom de l'*Action sociale*, nous écrit contre l'interprétation du citoyen Creissen et se prononce pour le maintien du titre *parti ouvrier*.

sociales, la modification sociale est inique au suprême degré, et ne fait qu'aggraver le droit du plus fort, en investissant les uns (et ordinairement les plus indignes, comme l'avoue même madame Royer) de forces sociales permettant l'écrasement de toutes les valeurs personnelles qui n'ont pas les mêmes avantages artificiels.

Justement, Dramard développe la même idée en disant que si les darwinistes étaient logiques, ils demanderaient l'égalité permanente du point de départ.

Nous sommes donc d'accord.

Enfin, Ch. Limousin nous consacre, dans la *Revue du Mouvement social*, tout un article d'objections.

« Vous soutenez, dit notre honorable contradicteur, que l'on doit former un parti ouvrier, que les travailleurs constituent une classe qui doit s'émanciper comme se sont émancipés, dans le passé, la noblesse du gouvernement de la théocratie, la bourgeoisie de celui de la noblesse. Vous employez, en un mot, d'une manière constante la méthode historique.

» La méthode historique a certainement du bon; mais elle ne peut être employée uniquement, car on s'expose à tomber dans le futur. Il me semble qu'il faut démontrer que les causes qui ont engendré le fait passé existent, au moins en germes, dans le présent. Or, c'est ce que vous et vos amis collectivistes, qui recourent comme vous à la méthode historique, ne me semblez pas faire suffisamment. »

L'objection n'est certainement pas fondée en ce qui nous concerne; nous ne parlons que sommairement du développement historique des sociétés, et c'est précisément à démontrer que la situation économique présente entraîne ou un retour au servage, ou une transformation sociale que nous nous appliquons.

Est-il vrai, oui ou non, que de plus en plus la production moderne exige les agglomérations d'hommes et les concentrations de capitaux, que de plus en plus, dans la réalisation des produits, le concours des forces productives et sociales l'emporte sur le concours du travail individuel?

Si cela est vrai, et nous défions Ch. Limousin de le contester, n'en résulte-t-il pas :

1° Que la part des détenteurs du capital est de plus en plus forte, celle des travailleurs de plus en plus petite?

2° Que (la productivité du travail augmentant en raison de la concentration) plus le mode de production se perfectionne, moins il y entre de main-d'œuvre, plus il y a par conséquent d'ouvriers chassés du banquet social par les chômages, d'où diminution de consommation, et par suite nouveaux chômages pour d'autres ouvriers?

N'est-il pas vrai que, dans de telles conditions économiques, la situation des prolétaires ne peut qu'empirer, et qu'il n'y a de salut pour ces derniers que dans la socialisation des capitaux, qui assurerait à chacun : le travail justement rétribué, le même développement intellectuel et professionnel; en un mot, l'égalité des moyens et la liberté des vocations, se mouvant dans une société organisée et solidaire?

Or, qui est intéressé à cette transformation sociale?

Les salariés des champs et de l'industrie, les petits bourgeois et les déclassés qui rôdent autour des professions libérales.

Justement, l'ensemble de ceux que nous appelons pour la conquête de l'affranchissement intégral à une organisation distincte des organisations bourgeoises.

Qui, maintenant, est opposé à cette transformation?

Les capitalistes, leurs valets les plus payés, les gros propriétaires, les croupiers, les loups-cerviers de la Bourse, la bande des monopoleurs, des exploiteurs, des politiciens, des jouisseurs, en un mot, toute l'engeance malfaisante qui forme le personnel du monde capitaliste, que dans le langage socialiste on appelle le monde bourgeois.

Pense-t-on qu'entre ces *travailleurs*, d'une part, et ces *mangeurs*, d'autre part, il y ait possibilité d'entente?

Non certainement.

Il y a, il est vrai, des situations intermédiaires, dont notre honorable contradicteur s'exagère l'importance; mais, pour qui sait voir, ces conditions intermédiaires sont de plus en plus détruites par la concentration toujours croissante de la production et de la circulation des richesses. Déjà en Angleterre et dans les grands centres américains, il n'y a guère plus que des capitalistes et des prolétaires en présence. La Belgique, la France, l'Allemagne s'acheminent vers la même situation économique. L'Autriche, l'Italie, l'Espagne suivent. Penser à des affranchissements pacifiques et individuels devant ce courant historique et cette fatalité économique, c'est comme si l'on voulait tenir en échec l'éclairage au gaz ou l'éclairage électrique, en perfectionnant les quinquets.

Non, nous ne sommes pas des utopistes, nous n'inventons rien, nous analysons une situation dont nous n'avons pas l'enfantillage de contester la réalité qui crève les yeux, nous étudions cette situation, ses développements inévitables et nous concluons.

Voilà tout.

Si, maintenant, des réformistes bien intentionnés s'affligent de ce qu'il y a nécessité de socialiser les forces productives pour éviter un retour au servage, et de ce que cette socialisation ne pourra être accomplie que par le prolétariat victorieux et investi d'une dictature révolutionnaire, qu'ils s'en prennent à la nature des choses et à la situation actuelle, dont nous sommes les simples enregistreurs.

Tout en concédant donc que la méthode historique très bonne pour déterminer les grandes ligues est incomplète, si avec elle on veut régler les détails — les situations sociales étant trop complexes pour se répéter jamais d'une manière exacte, — nous posons en fait que nous n'avons pas négligé l'étude du présent, comme nous le reproche à tort notre confrère. C'est, au contraire, d'après la situation économique actuelle et ses conséquences forcées que nous concluons.

A la question que nous posent les nécessités de la production moderne : *capitaux féodalisés* ou *capitaux socialisés*? nous avons répondu : *capitaux socialisés*.

Dans l'ordre purement économique, c'est là tout notre socialisme.

FIN

TABLE DES MATIÈRES

IMPRIMERIE GÉNÉRALE DE CHATILLON-SUR-SEINE, JEANNE ROBERT.

IMPRIMERIE GÉNÉRALE DE CHATILLON-SUR-SEINE. — J. ROBERT.

www.ingramcontent.com/pod-product-compliance
Ingram Content Group UK Ltd.
Pitfield, Milton Keynes, MK11 3LW, UK
UKHW031914260826
14628UKWH00003B/1182

9 782012 894839